人生が輝く！
家事の「しないこと」リスト

石阪京子
KYOKO ISHIZAKA

講談社

はじめに

家事を減らすと、家族みんなが幸せになります

片づけられないと悩む方々の家を、これまでに500軒以上片づけてきました。実際にご自宅に伺って一緒に片づけに取り組むほか、今は「LINE」を使ってのレッスンも行っています。

どんなに散らかったお家でも、覚悟を決めれば、家一軒を徹底的に片づけきれます。 そのうえで7割収納を守れば、リバウンドは皆無、もう二度と散らからなくなります。そして、家事がしやすくなって、家事にかかる時間も短くなるので、暮らしそのものが変わっていきます。

片づいて暮らしが変わっても、「きれいになったキッチンで何を作ったらいいのかわからない」「日々の掃除のやり方を教えてほしい」など家事その

ものについての質問を受けることも多く、「家事の段取り」に悩む方が少なからずいることに気づきました。生徒さんたちの「家事の段取り」を改めて聞いてみると、びっくりするほどどみなさん真面目で几帳面。もともと大ざっぱな性格で「いかに楽するか」ばかり考えて家事をしている私からすると、**「しなくてもいい家事」にどれだけ時間を取られ、疲労困憊しているか。**専業主婦が主流だった母親世代の昭和の家事を、そのまま踏襲していることの多いこと多いこと。

時代は進み、生活そのものが変わったのですから、必要のない家事はきっぱりとやめ、家事そのものを変える必要があると思います。そもそも仕事をしながら、旧態依然とした家事と育児を両立させるのは不可能だと思います。

私が家事の仕組みを見直したきっかけは、当時中学生だった息子の入院です。

夫が不動産業を始め、やがて手伝うようになり、50軒の片づけ修業に夢中になって取り組んでいた2010年のことです。片づけ修業に熱中し、不覚にも寝坊してしまったある朝、慌てて準備し、学校に送り出した息子が交通事故に遭いました。

連絡を受け現場に向かうと、あたり

は騒然としており、息子は目をつむって歩道に倒れていました。あのときは息子を失ってしまうかもしれないという恐怖と、自らの都合で息子を急《せ》かせた自分を責め、ただただ泣いていました。

幸い意識が戻り、命に別状がないことがわかりましたが、最悪のときは脚を切断しなければならないと宣告されました。先の見えない入院期間中は、身動きひとつしてはならない息子につきっきりで、夫と1日交代で泊まり込みの日々。食事は病院内のコンビニエンスストアで買うか、近くのファミリーレストランかお好み焼き屋で食べるしか、選択肢がありません。

私自身、慰めの言葉をもらったら泣いてしまうくらい精神的に参ってしまい、食事をする気力もなく、家にいられるときさえも娘を連れてファミレスに行くような生活に。趣味は食べることと言って憚《はばか》らなかった私ですが、次第に何を食べても苦く感じるなど、味覚障害のようになり、精神状態もどんどん悪くなっていきました。

そんなある日、娘に「納豆ごはんでいいから家で食べたい」と懇願されました。そのとき、弟を思い、いろんなことを我慢していた娘の気持ちに触れた思いでした。

作ったのは、ごはん、お味噌汁、納豆、卵焼き、ぬか漬け、急遽《きゅうきょ》ありあわせで作ったシンプルな夕食です。毎日代わり映えしない、ときどき、卵焼きに野菜を入れたり、ぬか漬けの野菜が替わるくらいの質素な食事でしたが、食欲がなかった私もやがて食べられるようになり、**きちんと食べることで精神状態が上向いていくことを実感しました。**

そこで、病院の許可を得て、息子に病院食を食べさせるのをやめました。息子自身も事故のショックで日々悶々としていて、病院の食事を受け付けなくなっていたからです。

IH調理器と鍋、自宅で切ってきた野菜や肉を保存袋に入れて病院に持ち込み、その場で調理します。今思えば、病棟に匂いが広がって、かなり迷惑ですよね。でも、それに気づかないくらい必死で真剣でした。

病院での調理はさすがにすぐにやめましたが、**家で作ってきた料理を電子レンジで温めて、お皿に移しかえて出すと、息子もすごく食べてくれるようになり、みるみる元気になりました。**

そのとき感じたのは、やはり食事が大事だということ。忙しいからといって外食に頼ると気持ちまで弱っていき、「なんであのとき」と後悔ばかりしてしまうということに気づきました。

以前出した本にも書きましたが、片づけることは「見た目をきれいにすることが目的ではない」と、はっきり気づいたのもこのときです。何よりも**「理想の生活を手に入れるために片づけたい」という動機が必要だと。**

1ヵ月半の入院生活の後、車椅子生活が始まった息子ですが、特別広いわけではない一般住宅を車椅子で移動するのは、危険と隣り合わせです。どんなことがあっても車椅子がひっかからないよう、床にあるモノは徹底的に排除し、絶対に散らからないように、そして生活しやすいように部屋を整えました。

結果、たどり着いたのが、**生活のすべてをシンプルにする暮らし、そして暮らしをシンプルにするための片づけ法です。**いらないモノを捨て動線を改善したことで、今まで漫然と続けていた家事そのものが少なくなって、毎日の料理・洗濯・掃除が圧倒的に楽になり、身体も心も疲れづらくなりました。

そして、みなさんに片づけの手順をお伝えすることが仕事になりました。

『家事の「しないこと」リスト』というこの本のタイトルですが、このリストは私自身が「しないことにした家事」の中から、**みなさんの生活に取り入れ**

やすいものを厳選したものです。

「家一軒を片づけきり、7割収納にする」ことがシンプルな生活を送るための最大の方法かつ近道ではあるのですが、家一軒を片づけきるのは重い腰が上がらないという方も多いと思います。

また、部屋は片づいてはいるけれど、家事全般がうまくいかない、料理が苦手、家事をもっと効率よくこなしたい、という方もいるでしょう。そんな方々に、この本を読んでいただければと思います。家事がうまくいかないのも、部屋が片づかないのも、その方法を習っておらず、やり方を知らないから。たったそれだけの理由です。

「イキイキと仕事や育児に取り組む」
「疲れない身体を手に入れる」
「家族と毎日笑って過ごす」

そんな**理想とする暮らしは、必要のない家事をやめることで、すぐに手に入ります。**

家事の時間が短縮できれば、趣味や勉強、大切な人と過ごす時間が増え、きっとあなたの人生が光り輝きます。この本をお読みいただき、信じて実践していただけたらと思います。

石阪京子

人生が輝く！ 家事の「しないこと」リスト

目次

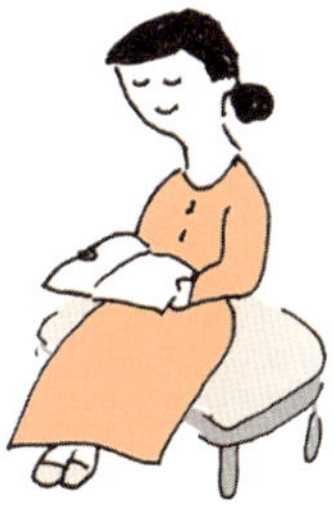

※掲載している商品の価格は税抜きです。
情報は2019年7月時点のものです。

家事を極力しない一日の流れを見てみよう！

私にとって家事は、歯を磨くことやお風呂で髪を洗うのと変わらないくらい、頭を使わず、無意識に自動的にできる作業です。そもそも家事は極力減らしているので、家事の絶対量も少ないのですが、「お風呂に入ったら髪を洗う」のと同様に、「朝起きたら、窓を開ける」「洗面所に行ったら、洗面台を拭く」などのルールを決めて、**小さな家事を一日の流れの中で習慣化しています。**

習慣化は難しくありません。どんな家事も、意識して2週間続けることで無意識にできるようになります。片づけレッスンでも、生徒さんには片づけ直後の2週間、毎日「ガラガラ閉店」（一日の終わりにキッチンやリビングに何も出ていない状態にリセットすること）した写真を送ってもらっています。2週間が過ぎる頃には、リセットにも慣れ、時間も短縮、「ガラガラ閉店しないと気持ちが悪い」と感じるまでに。

大事なのは、家事のハードルを上げず、小さい家事に留めること。掃除ひとつとっても、カビ取りまで完璧にこなそうとすると作業自体が大変になって、習慣化はできません。掃除はざっと拭くのを毎日やればいいだけ、その「やった」という達成感が習慣化につながっていきます。

家事は、後でちゃんとやろうと思って後回しにするよりも、今ざっとやったほうがいい。完璧を目指さず、ちょっとずぼらなくらいが、家事を回していけると思います。

やること

起床

- 窓を開け、換気。
- さっとシーツを伸ばして、シーツをコロコロで掃除。
- ベッドメイキングをし、布団乾燥機をセット。

洗顔

- 顔を洗うついでに、洗面所回りを使ったタオルで拭く。

洗濯

- 前の晩にセットし、洗いあがった洗濯モノを洗濯機から取り出す。イケアのSKUBBに仕分けて、各自が部屋に持って行く。

しないこと

✕布団は干さない。

重労働かつ、天候に左右される布団干しをやめ、布団乾燥機を愛用。朝起きたら、布団を整え、スイッチを入れるだけで、太陽の光以上に、ふかふかになります。

✕シーツの予備を持たない。

コンパクトな家で、家族の人数分の予備のシーツを持つとなると、収納はかさばる一方。洗濯乾燥機に頼れば、朝洗ったシーツも数時間で乾くので、1枚あれば十分。

✕がっつり洗面台の掃除はしない。

洗面所を使うたびに、水しぶきや鏡をタオルでさっと拭いているので、ほこりもたまらず常にピカピカ。3日に1回のがっつり掃除よりも少ない手間で、きれいを保てます。

✕家族の洗濯モノはたたまない。

主婦だけがたたむ仕組みはナンセンス。自分のものは自分で片づける仕組みを作りましょう。乾いた洗濯モノはイケアのSKUBB（P84）に分類し、各自が部屋に運びます。

朝食

身支度

仕事

やること

● 使い終わった食器を食器洗い機に入れる。

● ダイニングの椅子、ゴミ箱など、床にあるモノをすべてテーブルの上に置く。床にモノがない状態に。

● ルンバのスイッチを入れる。

● 2階はブラーバのスイッチを入れる。

しないこと

✕ 食器の手洗いをしない。

私は、食洗機にすべてお任せしています。食洗機を使わない場合は、ワンプレートにする、洗うのに手間がかかる漆のお椀やお箸は使わないなど、食器を減らす工夫を。

✕ 掃除機をかけない。

2日に1度程度、ほこりが気になるときに、ルンバorクイックルワイパーをさっとかけるだけ。床には常にモノがない状態なので、ルンバもすぐに稼働させられます。

✕ 床拭きをしない。

床の拭き掃除も、お掃除ロボット・ブラーバにお任せ。ルンバでほこりを取り切った後に、時間差で稼働させます。子どもの食べこぼし以外は、ざっと拭く程度でOKです。

✕ 毎日買い物をしない。

買い物はそれだけで重労働なので、生鮮食品を5日に1度。トイレットペーパーなどかさばるモノ、缶詰などどこで買っても同じモノはネットスーパーを利用します。

夕食準備

● 3日分の食品の中から食材を選び、料理を作る。

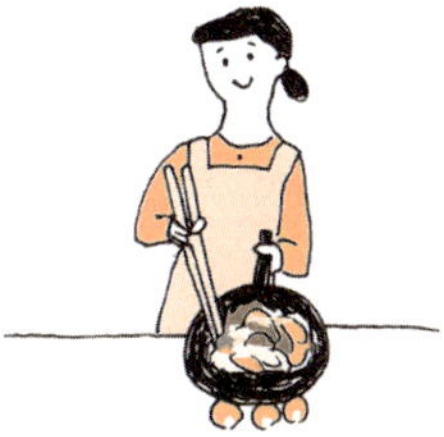

✖ レシピを見ない。

日々の食事は、レシピなしで作れる簡単なモノだけ。ご飯と味噌汁に、肉か魚を焼いて、卵焼きがあれば十分です。新たなレシピは、動画アプリ「クラシル」を参考に。

✖ 作りおきをしない。

毎日の食事は手軽なものばかりなので、準備は十分間に合います。料理を多めに作っておく、時間のあるときに野菜は切っておくなど、料理の前倒しを心がけましょう。

夕食後

● 食べ終わったら、食器を食洗機へ。

● ふきん類をオキシクリーンで煮て消毒し、干す。

✖ 大掃除をしない。

水回りも毎日ちょこちょこ掃除しておけば、大掃除が必要になるほど家は汚れません。大掃除をする場合は、多忙で、水仕事がつらい年末を避け、10月頃までに済ませます。

✖ 大量のふきんを持たない。

使っているのは台ふきん1枚、食器を拭くふきん1枚だけ。一日の終わりに鍋でオキシクリーン（P60）と一緒にグツグツ煮込んで消毒。食洗機を使えば、ふきんの数も最小限に。

やること

夕食後

● 乾燥まで可能な洗濯モノを洗濯機に入れ、乾燥までするコースのスイッチを押す。

入浴

● ヘアパックしながら、洗い場の隅や鏡で気になるところをちょこっと磨く。

● 浴室でマイクロファイバーのバスタオルで身体を拭き、同じタオルで浴室の水滴を拭く。

しないこと

✕ 洗濯ネットを使わない。
洗濯ネットが必要な繊細な服は、できるだけ所有しないよう心がけています。アウターなどは洗濯機には入れず、洗面所でさっと手洗いしています。

✕ 洗剤を量らない。
洗濯量に合わせて洗剤を量るのが面倒なので、1つ入れればOKのジェルボールを愛用。乾燥までかければふわふわになるので、柔軟剤も不要です。

✕ 洗濯モノを干さない。
乾燥まで一気にしてくれる、日立の洗濯乾燥機・ビッグドラムを愛用。干すのは、手洗いしたトップス類と地厚でシワが取れにくいデニムくらい。

✕ 洗剤を使ったお風呂掃除をしない。
毎日の掃除は、お風呂終わりにマイクロファイバータオルで汚れと水滴を拭き取るだけ。週末に桶などを湯船に入れオキシクリーン浸けすることも。

Chapter 01

キッチンの「しないこと」リスト

料理の考え方

我が家の味は、手の込んだ料理でなくていい

家事の中で一番大事なのは断然料理だと思います。なぜって料理は心と身体の健康に関わり、生きることにつながっているから。掃除や洗濯は作業の積み重ねなので、家電任せでOK。考えなくても、誰だってできます。

でも、高級レストランの料理も毎日だったら飽きてしまうもの、**毎日食べ続けられる家庭の料理ってやっぱり特別だと思います**。それに、毎日作り続けていればスキルアップして、どんどんおいしく作れるようになるのも魅力だと思います。

キッチンの片づけが料理上手への近道

料理は作り出す作業で、頭を使います。効率よく集中して作るために、**まずキッチンを片づけて、調理ができるスペースを広くしましょう**。

ワークスペースにあるトースターや水きりカゴ、調味料等はすべて撤去します。鍋やフライパンも、入れ子にできるなど収納しやすさ、使いやすさを考慮して取捨選択し、本当に必要なモノだけを残します。片づけの手順や収納法については、『一生リバウンドしない！　奇跡の3日片づけ』と『二度と散らからない！　夢をかなえる

7割収納』(共に講談社刊)に詳しく書いていますので、そちらを読んでいただけると嬉しいです。絶対にリバウンドしない片づけメソッドが詰まった自信作です。

高級な鍋や道具を揃えても、料理は上手にならない

「まずは道具を揃えることが料理上手への近道!」とばかりに、料理に苦手意識のある方ほど、高級鍋をお持ちです。でも、活用できている人はほとんどいません。身の丈に合った鍋や道具を選びましょう。

毎日の料理も、手のかからないシンプルなものを。例えば、ご飯と味噌汁に、焼き魚やお刺身、野菜炒めなど簡単な一品をつければ、十分です。料理が苦手なら、納豆と炒め物、次は卵焼き……と同じ料理を繰り返し作って、ステップを踏みましょう。

SNSや雑誌で見かける映《ば》える料理や、専業主婦世代の母親が作っていた、**手の込んだ料理を踏襲する必要はありません。**家族はきっと喜んでくれると思います。

好き嫌い対策は、あえておかずの品数を多くする

夫は外食やスーパーの惣菜で育った人で、偏食もひどく、結婚当初は献立作りに苦労しました。作っても作っても、食べてもらえない料理のオンパレード。

その対策として、メインのおかずを一品

で〜んと出すのをやめ、リスクヘッジのために小さいおかずをちょこちょこ作るようになりました。おかずといっても、卵焼きやハムを焼いたの、湯豆腐、塩鮭を焼くといった簡単なモノなので、大変ではありません。そんな生活を20年以上続けるうちに、夫は何でも食べられるようになりました。好き嫌いが多いお子さんも、苦手な食材もちょっとずつならいつかは食べるようになれるはず。長い目で見てあげてください。

「献立作り」「調理」「後片づけ」の何が苦手か自覚する

料理は「献立作り」「調理」「後片づけ」の3つの作業があります。この3つを混同して、料理が苦手と思っている人が多いような気がします。自分はその中の何が苦手なのかしっかり認識しましょう。献立作りが苦手なら、定食屋メニューを参考にしたり、家族に相談して決める、後片づけが苦手なら食器洗いは家族の担当にする、食洗機を導入するなどの対策を考えましょう。**問題をクリアにし、「調理」に集中できるよう、環境を整えることも大切です。**

家族で囲む食卓が一番大事

今までいろいろなお宅を片づけてきて思うのは、部屋がきれいになったからといってすぐに理想の暮らしになるわけではないということ。おいしいごはんや家族の団らんが持てるようになったときに初めて、家族みんなが「片づけて本当によかった」と心から思えるようになるのだと感じています。

以前、娘の友達が「うちの母のハンバーグっていつもカチカチなんだよね。でもそれが大好きで、ひとり暮らしを始めてから無性に食べたくなる」と言っていました。**「家庭料理」「母の味」ってそういうもの、味じゃなくって気持ちなんです。**話を聞きながら、思わず泣いてしまった私です。

しないこと
List
01

レシピを見て作らない

作り方は動画サービスで確認する。

解決すること

とにかく時短。
「ベロメーター」が鍛えられて、
料理の腕も上達する。

kurashiru 「クラシル」

レシピ動画サービス「クラシル」無料
（プレミアムサービスは月額444円）
レシピ動画で料理がおいしく作れるアプリ。
https://www.kurashiru.com/contact
dely株式会社　https://www.kurashiru.com/

材料や手順を見ながらの料理は、作業が何度も中断して時間がかかるうえ、一向に料理はうまくなりません。料理が苦手で苦痛な人こそ、**一度レシピ本をすべて処分し、作り方を見ながら料理するのをやめましょう。**

毎日の食事は卵焼き、焼き魚、野菜炒めなど、簡単なものを繰り返し作ります。**切った野菜とお肉を炒めるだけ**なら難しくありません。繰り返し作るうちに味を調整したり、卵焼きに野菜を入れたりと自分なりにアレンジするようになり、徐々に腕が上がります。

材料や手順がわからないときや、新しいレシピに挑戦したいときは「クラシル」などの動画アプリの出番です。**動画は30秒から1分ほどで構成されていて、テレビの料理番組を短くしたようなもの**です。料理の段取りが簡潔に解説されているので、事前に見ておき、全体の流れと調味料などを入れるタイミングだけ覚えておきます。

調味料の分量などはレシピに従うのではなく、大まかに済ませること。また、足りない食材があっても気にせず作ってください。「チンジャオロースにたけのこが足りない」とわざわざ買い物に出かけるのはNGです。

Memo　電車や待ち時間などに動画をチェック！

料理動画アプリは、料理が苦手な人にこそ使ってもらいたいおすすめアプリです。普段は料理をしない男性やお子さんでも料理を始めるきっかけになります。調理の手順を予習しておけば、段取りよく調理できるので、余分な調理器具を使うこともなく、台所が散らかりにくくなります。使ったものはすぐに片づけるのが鉄則です。

しないこと
List 02

「がっつり作りおき」はしない

多めに作って、保存。

洗う、切る、までをやっておく。

解決すること

いつも作りたてが食べられ、週末の買い物も楽になる。

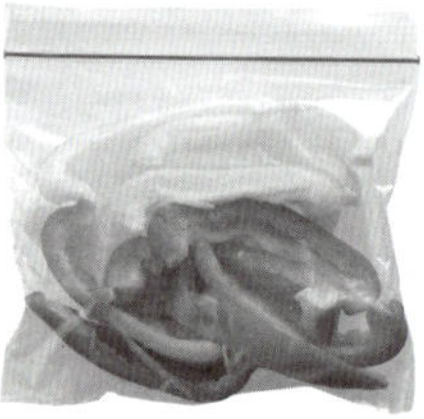

残った野菜は、カットして保存袋に冷凍しておけばすぐに使えます。

週末の作りおきは、食材の買い出しと調理に時間を取られるだけ。それに、週の後半にもなると味が落ち、家族も食べてくれなくなりがちです。そもそも夕食を短時間で作れれば、作りおきは必要ありません。当日、素早く調理するために、事前準備をしておきます。

買い物から帰ったら、野菜はすべて洗います。いも類は土を落とし、玉ねぎは洗って皮をむいておく、葉物は水に浸して十分水を吸わせてからキッチンペーパーで拭き、冷蔵庫に保存します。調理時は洗わなくていいので、サラダは葉物をちぎるだけ、ざっくり切って煮たり焼いたりするだけと、短時間で料理が完成します。

余った野菜は、**よく使う大きさに切り、保存袋に入れて冷凍庫で保存**します。毎日のお味噌汁は、この自家製カット野菜を出し汁の中に入れるだけです。肉と炒めたりと使い道はいろいろあり、夕食に困ったときの救世主になります。

また、毎日の食事を少し多めに作っておき、「作りおき」として活用するのも時短のコツです。翌日の朝食やお弁当のおかずにしたり、次の日の夕食に。SNSで披露するわけではないので、2日連続同じ料理でも大丈夫です（笑）。

Memo　保存容器が減って一石二鳥！

がっつり作りおきをやめると、保存容器を減らせるという利点があります。つい増えてしまうので、5個なら5個と数を決めて、定数管理しましょう。私は保存容器が空でも冷蔵庫の定位置に入れています。野田琺瑯の保存容器はホワイトボード用のペンで書いたり消したりできるので内容物が一目でわかり、重宝しています。

しないこと
List
03

調味料はストックしない

質のいい基本調味料を厳選。
ドレッシングやタレは簡単に作れる。

解決すること

実は手間暇かからず、身体に優しくおいしい。
冷蔵庫も片づく。

必要なのは、基本の調味料である**しょうゆ、塩、砂糖、みりん、油**。基本調味料は、味と品質が確かなものを選び、それらを自由に組み合わせることで自家製のタレやドレッシングを作ります。

おすすめは塩麹です。市販の米麹250gに塩70g、水350ccほどをホーローの容器（野田琺瑯のもの）にひたひたになるくらいを目安に入れています。そのまま冷蔵庫で1〜2週間、ほったらかしにすれば完成です。朝、肉や魚を塩麹につけ保存袋に入れ、帰宅後、袋から出しフライパンで焼くだけ。手間なく作れ、市販品より安く済み、保存料なしで安心安全。

山椒しょうゆとにんにくしょうゆも重宝します。作る手順は、**瓶に入れたしょうゆに山椒の実やにんにくをそれぞれ漬けておくだけ**と超簡単なのですが、焼き魚にかけたり、炒めものに使うとまるで料亭の味のようになります。

ドレッシングも作り立てをサラダに合わせると、ご馳走に。山椒しょうゆやにんにくしょうゆに、オリーブオイルやごま油、お酢やビネガー、柑橘類を搾ったものと、季節や気分で油と酸味の組み合わせを変えると、味に変化がつきいつもおいしくいただけます。

Memo **ハーブを育ててみよう**

植木鉢で簡単に育てられるハーブ類（ミント、ディル、ローズマリー、ローリエなど）は料理のアクセントになります。見た目が寂しい料理には、とにかく上からハーブを散らします（笑）。ドレッシングを買わなくても、基本の調味料とハーブでおいしいドレッシングやタレがすぐにできます。ハーブを栽培すれば、節約にもなりますね。

しないこと List 04

洗いモノが増える調理をしない

まな板の代わりにオーブンシートを使う。

解決すること

調理を中断して、まな板をしっかり洗うことが減り、時短になる。食中毒にも配慮できる。

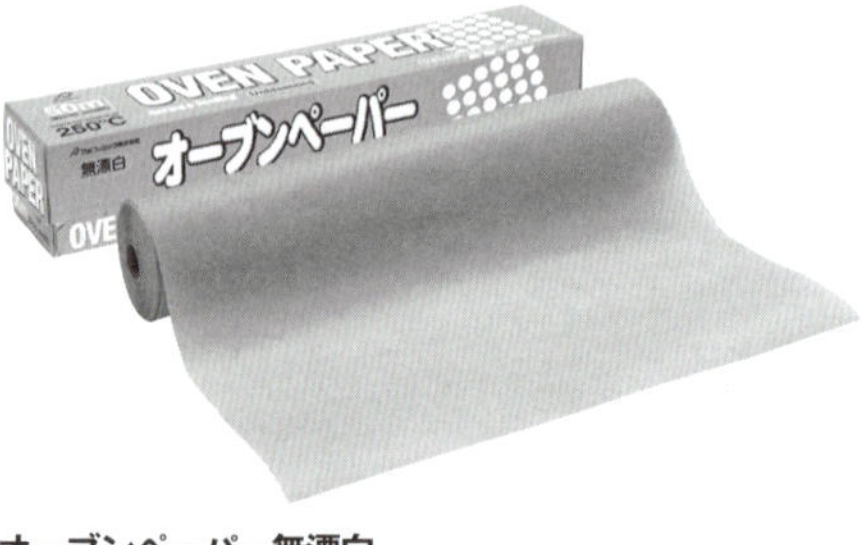

オーブンペーパー無漂白
30cm×50m 949円（編集部調べ）
03-3642-1121　アルファミック株式会社
https://www.alphamic.co.jp/
まな板の上に敷けば、頻繁に洗わなくてよいので便利です。

生の肉や魚を切るときは、まな板の上にオーブンシートを1枚敷いてから。まな板に直接生肉や魚が触れることがないので、洗いモノも楽になるうえ、衛生面での心配も減ります。また、焼いた肉をカットするときも、オーブンシートを敷いて肉汁をキャッチ。その都度、しっかり洗いする必要がなくなり、時短にもなります。

私が愛用しているのは、**適度な厚みがあって水けに強い、アルファミックのオーブンペーパー。**食材を切り終わったら、汚れたオーブンペーパーをポイッと捨てるだけ。長さが50mもあるので、頻繁に買い足さずに済みます。

A4サイズほどのポリ袋も、洗いモノ削減に一役買います。ハンバーグや唐揚げは、ボウルやバットを使わず、ポリ袋に肉や卵、調味料を入れて上から揉んでおきます。ハンバーグの成形もポリ袋に入れたままでOK。ハンバーグも唐揚げもこうやって朝仕込んでおけば、帰宅後は火を入れるだけと簡単です。手も汚れず、洗いモノも最小限で作れます。

生肉を触るときや魚をさばくときは、使い捨てゴム手袋も併用し、洗いモノと手を洗う回数が増えないように工夫します。

Memo 丼やワンプレートが忙しい日の救世主に

忙しいときの献立はワンプレートにすると、洗いモノが減ります。ごはんとおかずを少しずつ盛り付けるとカフェのごはんのようにおしゃれで見栄えがします。おかずとごはんを一緒に盛り付けた丼ものも大活躍です。調理道具や食器を少ない数で済ませると、時短にもつながります。調理を始める前に、段取りをシミュレーションし、調理道具や食器を選びましょう。

しないこと List 05

専用鍋や便利グッズを使わない

収納スペースのムダになるので、代替品で十分。

解決すること

すべての道具が収納に収まり、作業スペースが広くなり、キッチンで効率よく動ける。

十得鍋セットアイテム（JN-ST-1）
2万5000円
0256-64-2773　宮﨑製作所
http://www.miyazaki-ss.co.jp/
よく使う14〜22cmの鍋をスタッキングして収納。シンク下にもコンパクトに収まります。10年以上使っていますが、まったくへたりません。

天ぷら鍋、パスタ鍋、サラダスピナー、にんにくつぶし器、専用スライサーなどの**専用鍋や便利グッズは、手放します。**専用の道具がなくても、手持ちのもので十分代用できます。

私は、フライパンや味噌汁などを作る小鍋で、天ぷらや唐揚げを揚げています。頻繁に揚げモノをしてもキレイに洗えば、鍋に油が染み込み、他の料理に使えなくなるということはありません。オイルポットも外側までベトベトになるうえ、油もすぐに酸化してしまうので手放しました。油は紙に染み込ませて捨てています。

背が高く、重ねにくいパスタ鍋は、大きめの鍋やフライパンで代用。サラダスピナーは収納しにくい形なうえ、網が洗いにくいので手放し、野菜はザルで水をきった後にキッチンペーパーで軽く拭きます。チーズのすりおろしは大根おろし器で、ニンニクは包丁の平らな面で潰せばOKです。

専用鍋は、収納の問題もありますが、増えれば増えるほど、道具を取り出す作業に時間を取られ、洗いモノも増えて、料理に集中できなくなります。道具を減らすと、作業がシンプルになり、短時間で料理ができるようになります。

Memo 油でギトギト鍋の洗い方

ご飯を炊くのも、味噌汁も揚げモノも、すべて十得鍋で作っています。天ぷらの後は、洗剤でさっと洗い、ひたひたの水にオキシクリーンを1さじ入れ、その中に台拭き、食器を拭いたふきん、スポンジ、ステンレスたわしを入れて煮立てます。鍋はピカピカ、ふきんも真っ白に。オキシクリーン液はシンクに流し、排水口まできれいに。

しないこと
List
06

買い物に毎日行かない

週末のまとめ買いもせず
3日分の食材だけを買う。

解決すること

時間とお金の節約になる。

冷蔵庫の中身を把握できるのは、せいぜい3日分の食材です。**一度の買い出しは3日分だけ購入しましょう。**

事前に決めておくのは、3日分のメインの献立。肉と魚のバランスを考慮しつつ、3日分のメイン料理に必要な食材と、旬の野菜などの生鮮食品を購入します。付け合わせの献立まで決めないのは、天候や体調により、身体が欲する味付けが変わるから。当日の気分と時間の余裕の有無で、煮物、お浸し、味噌汁の具にするなど、野菜の使い道を考えます。

次の買い出しは、5日後以降が鉄則です。4～5日目は余った食材をやり繰りし、冷蔵庫の中身を一掃します。我が家では、焼きうどんやお好み焼き、グラタンが、困ったときの定番料理です。材料の小麦粉、チーズ、冷凍うどん、冷凍ごはんは常備していて、野菜や肉類など冷蔵庫に半端に残っている食材を混ぜて、焼くだけ。ワンプレート料理なので、洗いモノも少なくて済みます。

また、**日用品など生鮮食品以外は、ネットスーパーを利用。**これならスーパーに行っても、買い物はさっと終わり、持ち帰りも楽ちん。もちろん節約にもつながります。

Memo **4～5日目は残り野菜と常備品のカサ増しで乗り切る**

冷凍保存した野菜をすべてオリーブオイルで炒めて、ハンドブレンダーでピューレ状にし、カレー粉を入れて作る野菜カレーは週末の定番です。大根のすりおろしにネギと片栗粉を混ぜ、ごま油で焼いた大根もちは、ポン酢とラー油を合わせたタレで食べると絶品です。

しないこと List 07

キッチンの「3点セット」を使わない

水きりかご、三角コーナー、洗いおけはすべて処分する。

解決すること

作業スペースが広くなり、動線がよくなる。

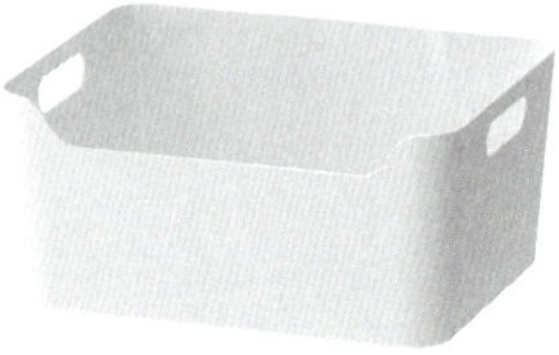

VARIERA ボックス
648円
0570-01-3900　イケア
https://www.ikea.com/jp/ja/
シンプルでインテリアにも調和し、収納に、バケツ代わりに大活躍。大・小2つのサイズがあります。

水きりかご、三角コーナー、洗いおけの3点セットは今すぐに手放します。キッチンの作業スペースが広くなると同時に、なくても困らないからです。

食器はさっと洗って、敷いたふきんの上に伏せます。伏せたら、すぐにふきんで拭いて、食器棚にしまいましょう。自然乾燥ではいつ乾くのか時間が読めません。終わり時間がわからない家事は手放します。水きりかごの中に、食器を置きっぱなしにしがちですが、常に濡れている状態はとても不衛生です。水きりかご、シンクの双方に、ぬめり、ピンク汚れ、水垢がこびりつき、メラミンスポンジでこすってもすぐには落ちないほどの状態になりがちです。

野菜のヘタなど食材の切れ端は、小さなボウルに入れます。料理が終わったら、ボウルの中身をゴミ箱に捨てるだけ。ヘタなどは長時間放置すると生ゴミになりますが、その場で捨てれば、ただの食材の切れ端です。汚くはないので、三角コーナーではなく、調理に使うボウルを代用します。臭い対策にも効果的です。

お茶碗や油モノは、洗いおけにつけこまなくても、洗う前に器に水を張れば、十分汚れが浮きます。

Memo　洗える収納ケースなら、バケツいらず

食器を漂白するときは、収納に使うイケアのVARIERAなどで代用可能。まな板など、サイズの大きいモノのつけ置きは、45ℓのゴミ袋に漂白剤と水を入れ、口をくくっておけばOK。私は漂白には、粉状の酸素系漂白剤のオキシクリーン（P60）を愛用しています。アメリカ製のものは界面活性剤が入っており、よく落ちます。

しないこと List 08

油はねガード、吊り下げ収納を使わない

油はさっとふきんで拭くだけ。道具は厳選して、収納する。

解決すること

掃除がしやすくなり、いつでもきれいなキッチンを保てる。

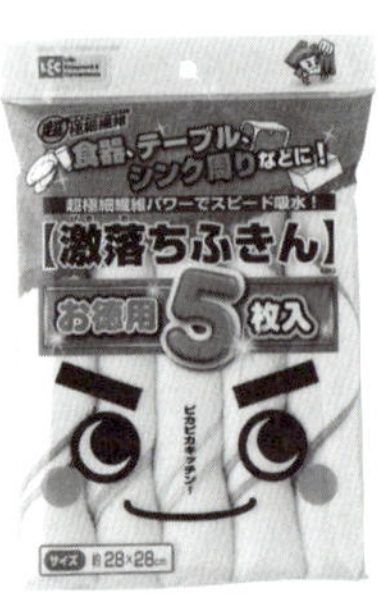

激落ちふきん お徳用5枚入
620円（編集部調べ）
レック株式会社
https://www.lecinc.co.jp/
洗剤を使わずに油汚れやほこりをすっきり落とし、マイクロファイバーが水滴をすばやく吸い取ります。家中の掃除に欠かせません。

キッチンの作業台は、何もなくすっきりしている状態が理想です。壁に鍋やキッチンツールをぶら下げたり、スパイスの瓶をズラリと並べたりはNG。油はね防止のレンジガード、コンロの排気口を塞ぐカバーなども使いません。**モノが置いてあると動線が悪くなるだけでなく、油やほこりを吸って汚れ、清潔感がなくなります。**

雑誌で見るような料理家さんの素敵なキッチンを真似たい気持ちも理解できますが、料理家がたくさんの道具を揃えているのは、飾るためではなく、物理的に量が必要だから。それに、毎日欠かさず使って、手入れもしているから、キッチンはいつも清潔に整っています。私たち素人には、そもそも多くの道具は必要なく、管理も難しいと思います。

キッチンの掃除には、マイクロファイバー素材の台ぶきんを使います。何度もこすらなくても、油汚れまでさっと落ちます。一日の終わりには、鍋に界面活性剤入りのアメリカ製のオキシクリーン（P60）とたっぷりのお湯を入れ、ふきん類をグツグツ煮て、消毒・漂白（メーカーは推奨していませんが）。洗濯機で洗うより、きれいになりますよ。

Memo　片づけは防災にも絶対必要！

食器棚や冷蔵庫の上に何気なく置いた重い鍋、ホットプレート、カセットコンロ、箱に入った大皿の食器などが、地震のときは頭の上に降ってきて、凶器になります。地震の多い日本では、鍋を吊るすなどの「見せる収納」はモノが飛び散り危険そのもの。万が一の延焼防止のためにもキッチン用品はすべて収納してください。

しないこと List 09

一人で献立を決めない

LINEなどで家族の希望を聞く。

解決すること

献立は悩まずに済み、買い出しも調理もスムーズ。家族間のコミュニケーションにもなる。

作った料理の写真をアップしているインスタグラムをスクリーンショットして、家族にLINEで送ります。

献立に迷ったら、家族の共通LINEで相談します。「今日、何食べたい？」と聞くだけでは「何でもいいよ」と言われるのが関の山、**答えやすいように写真つきで送ります**。インスタに自分で作った料理の写真をよくアップしているのですが、そもそもは「何を作ったのか」「何が美味しかったか」という記録のため。それらの写真を送るだけで、「もう一度食べたいな」「明日はあれを作って」と返事が来るようになりました。

自分のレシピに飽きたときや家族の希望が特にないときは、**大戸屋など定食屋のメニューを検索します**。ご飯、味噌汁、焼き物に副菜というオーソドックスなメニューですが、主菜と副菜の組み合わせなどバランスがよく、季節感もあり、献立作りの参考になります。

LINEは、面と向かって話せないこともざっくばらんに話せ、離れていても家族全員で会話できるので助かっています。子どもたちは社会人になり、それぞれ東京でひとり暮らしをしていますが、帰省する際や仕送りごはんを作るときは、LINEでリクエストを聞いています。ちなみにLINEは移動中や休憩中など隙間時間に送り、時短を意識しています。

Memo　グラタンは覚えておくと本当に便利！

家族に人気で、食材がないときや面倒な日の定番は、グラタンです。余った野菜に生クリームを注ぎ、ちぎったアンチョビにチーズをかけてオーブンで焼くだけ。ベシャメルソースも実は簡単。材料は、薄力粉50g、バター50g、牛乳600cc、塩・コショウ各適量、レンジでバターと小麦粉を600Wで1分加熱したあと牛乳、塩・コショウを入れ、更に600Wで7分ほど加熱すればできあがります。

しないこと
List 10

生ゴミは家の中に置かない

家の外やベランダに、生ゴミ用のゴミ箱を設置する。

解決すること

生臭さが家にこもらず、ゴキブリ防止にも効果的。ペットボトルなどの分別ゴミも外に出せば、キッチンもすっきり。

組立不要 ラタン調ゴミ保管庫 幅100cm ペール3個付き
3万3900円
0120-343-774　ディノス
https://www.dinos.co.jp
幅100cmの大容量で、雨が入りにくい仕様です。手仕事で丁寧に編み込まれた美しいラタン調が、外壁や情景に馴染みます。

料理の際に出る生ゴミは、翌日まで家の中に置かないようにします。ベランダや勝手口の横に、蓋がしっかり閉まるゴミ箱を置き、その都度、または一日の終わりにまとめて捨てます。マンションに24時間捨てられるゴミ置き場があれば、捨てに行くなど、生臭さが家にこもる前に外に出します。

地域によっては、ゴミの分別が細かく、仕分けが難しいと思います。生ゴミ、瓶・缶、ペットボトル、プラスチック等々、特に段ボールなど大型の資源ゴミは収集待ちもひと苦労です。その場合も外に置き場が必要です。生ゴミ用の横にもう一つゴミ箱を設置し、ポリ袋で中を分類します。

家の周りにスペースがあるようなら、ディノスのゴミ保管庫もおすすめです。ラタン調の見た目が素敵で、ウッドデッキに置いてもしっくりきます。蓋を開けると、中には40ℓのゴミ箱が3つ入っていて、分別も簡単。私の住む地域は分別が厳しくないので、ゴミ箱を一つ減らし、空いたスペースに通販で送られてきた段ボールを保管しています。

また、臭いがきつい魚のワタやバナナの皮は、ポリ袋に入れ、冷凍庫で保管しています。

Memo　ゴミは外にも置き場所を作る

ゴミの分別が、モノを手放すことを億劫にしています。ネット通販が当たり前になり、段ボールや梱包材が増えた今、家の中にすべてのゴミを置くのはムリ。マンションならベランダに、一戸建てならゴミ出ししやすい場所に見た目のよい外ゴミ箱を置いてください。自分の家の臭いは気づきにくいものです。ゴミの臭いに注意を。

しないこと
List 11

粉物は袋のまま保存しない

1袋が全部入る容器に移し替える。

解決すること

粉の飛び散りがなくなり、作業台が汚れない。使い勝手もアップ。

フレッシュロックホワイト 角型1.4L
800円
072-956-6821　タケヤ化学工業株式会社
https://takeyajp.com/
ワンタッチで開けやすく、中身も一目瞭然。小麦粉等が1袋入る1.4ℓを愛用していますが、サイズ展開が細かく便利。

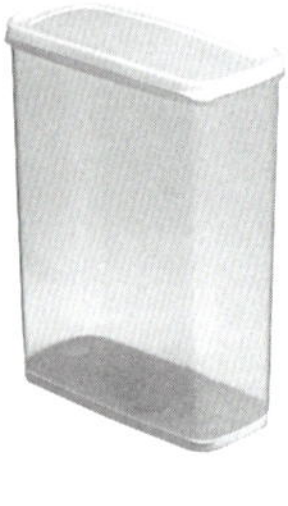

乾物ストッカー4.0 ホワイト
640円
イノマタ化学株式会社
http://www.inomata-k.co.jp/
乾燥剤は電子レンジでチンすれば何度でも再生可能で便利です。容器はスリムで場所をとらず、吊り戸棚にもぴったり。

小麦粉、砂糖、塩など粉状のものは、容器に移し替えてから使うのが鉄則です。袋のままでは中身が飛び散りやすく、分量も量りにくいためです。容器は袋の中身が全部入りきる大きめのものを選びます。私はフレッシュロックの1・4ℓサイズを愛用していますが、口が広くて移し替えも取り出しもスムーズです。密閉性も高く、軽くて丈夫なのでおすすめです。かわいい小瓶に移し替え、調理台に並べる人もいますが、小瓶には1袋分入りきらないので袋とのダブル保管になってしまいます。収納に余分なスペースを取り、ストックの有無もわかりにくいため、1ヵ所で保管しましょう。

ゴマ、ひじき、しいたけ、ひよこ豆などの乾物類も、ダブル保管になるので小瓶管理はしません。**乾物類は袋のまま、乾物ストッカーに相乗りして保管します。**繰り返し使える乾燥剤なので、輪ゴムやパッチンで留める必要もありません。乾物ストッカーは、乾物用のほか麺専用も用意し、パスタ、そば、そうめんの使いかけも相乗りして保管します。

粉の話に戻りますが、オキシクリーンや重曹など食品以外の粉物も容器に移し替えて使ってください。

Memo　粉は密閉して常温保管する

粉類は冷蔵庫保管がよいという説もありますが、私は温度差によって湿気や結露が出てカビの原因になるので、密閉して常温保管しています。お菓子作りでは、冷蔵庫で保管した粉を使うとうまく膨らまなかったりという失敗もありました。ちなみに、日清製粉のホームページにも冷蔵庫保管はおすすめしないと書かれています。

しないこと
List
12

パンやケーキを手作りしない

おいしい店で買う。

解決すること

調理時間が削減できる。
買うほうが、経済的でおいしい。

忙しいときはパンやケーキ、お菓子を手作りするのはやめましょう。手作りには時間もかかるうえ、**材料代を考えるとお店で買ったほうが安上がりでおいしい**ですよね。また、付随する道具も多く、収納にも場所を取ります。普段使いの道具が片づかないキッチンで、あえて作る必要はないと思います。

今の30代以上の方の多くは、専業主婦のお母さんに育てられた世代。手作りが当たり前だった時代に育ったがゆえに、パン作りのような特別な何かをしてこそ「理想のママ」と考える人が多いように思います。でも、仕事を持ち、限られた時間の中での生活で、お菓子まで作る必要はありません。趣味なら別ですが、他のことに時間を使ってはどうでしょう。

キャラ弁もムリして作らなくてOKです。ある生徒さんは、弁当作りに時間を取られ、家の中は足の踏み場もない状況でした。そして、外に見せたい自分と実際の自分に大きな隔たりがあり、そのギャップに苦しんでいました。

そういった見栄や自己肯定のためのパン作りやお菓子作りは手放します。自分で作らなくてもおいしいパン屋さんを知っているだけで、十分素敵です。

Memo　使っていないホームベーカリーを手放そう！

焼きたてのパンに憧れて購入したホームベーカリーが、ほこりをかぶった状態で使われずに放置されているのをしばしば見かけます。「前回使ったのはいつ？」と聞くと、思い出せないなんてことも。ホームベーカリーはなかなかのサイズですから、思い切って手放し、スペースが限られているキッチンを有効に活用したいですね。

しないこと List 13

プラスチックの食器を使わない

子どもが3歳過ぎたら、陶器の器に替える。

解決すること

器次第で普通の卵焼きが料亭の味になる。

PAVINA ダブルウォールグラス 250㎖（2個セット）
3314円
03-5775-0681　ボダムジャパン株式会社
https://www.bodum.com/
2層構造ガラスで、熱い飲み物や冷たい飲み物の温度を保ちます。おしゃれな北欧デザインでワインにもコーヒーにも。電子レンジにも対応。

子どもが3歳前後になったら、プラスチックの食器から陶器の食器に替えましょう。**陶器とプラスチックでは、見た目はもとより、味の違いも歴然。**普通の卵焼きも、陶器で食べればお店で食べるかのごとくおいしくいただけます。

子どもにとっては、食器は大切に扱わないと割れるということを学び、自立を促すチャンスでもあります。いつまでも赤ちゃん用のプラスチックの食器を使っていては、「ひっくり返してもいいや」という感覚で育ってしまうと思います。

娘が小学校の頃、遊びに来た同級生に大人用の食器でお茶を出しました。今でもその子はあの日の嬉しさを覚えていて、思い出話をしてくれます。子どもは大人扱いされた体験を積み重ね、自信を持つのだと実感しています。

また、家事の効率化と片づけの面でもプラスです。子ども用の食器は形が他とは異なるので、収納に場所を取ります。**大人の食器に統一することで、スペースが広くなり、食器棚もすっきり。**見た目もよくなり、食器が取り出しやすくなるなど動線も改善。子どもが成長しても食器はそのままの家が多いです。まずは、自宅の食器棚を見直してみてください。

Memo　普段使いの食器は来客用として使えるモノを

使う頻度の少ない来客用の食器やティーカップは、食器棚を占領するだけです。来客にも普段にも対応できる、ある程度質のいいモノを選びましょう。来客対応は、種類はたくさん持つ必要はなく、平皿、サラダやスープ用の深皿、コーヒーもワインも飲めるようなグラスがあれば十分です。数はテーブルに並ぶ椅子と同数に。

COLUMN

片づけビフォー・アフター❶

キッチンを片づけたら、惣菜を買わなくなった

BEFORE

持ち主不明のあらゆるモノが溢れかえるキッチン。テーブルの上をかき分けて、テレビを見ながら食事をするのが習慣に。

AFTER

見違えるようにきれいになり、人を招ける家に。突然の来客にもうろたえません。シンク回りも小まめに掃除するようになり、細かいところまできれいです。料理もするようになりました。

M様はご実家暮らしのお嬢さんで、母方のおばあ様とご両親、2人の妹さんの6人で暮らしていました。

M様が、「片づけをしたい！」と決意されたのは、当時末期の癌で入院中だったお母様の一時帰宅のため。「お見舞いの人にも気兼ねなく家に来てもらい、思い残すことのない、穏やかな時間を過ごしてほしい」という娘としての、心からの思いからでした。そして、モノに溢れた危険な家を何としても片づけ、大好きなおばあ様にも、安全で快適な暮らしの中で、元気に過ごしてほしいという気持ちもありました。お年頃のM様が、ご自身のことよりも、お母様やおばあ様のことを一番に考えて家を整えたいとおっしゃる優しさに、とても感動したことを覚えています。

拝見したお宅は、長年、3世代にわたり蓄積されたモノで溢れかえっていました。応接間の骨董品や絵画の傍には、衣装ケースや万年床が並び、時系列も使う頻度もモノの統一性もバラバラな状態で足の踏み場もないほど。キッチンには食事の食べ残しや書類、日用品などあらゆるモノが散らばり、家族団らんなど夢のまた夢。辛うじて椅子に座り、家族バラバラに惣菜などで食事を済ませるような生活でした。

けれど、おばあ様と妹さん方は、モノを捨てるのには猛反対。「この家はおばあちゃんの家なのに、お姉ちゃんが片づけるのはおかしい！」というのが妹さん方の主張です。M様が忙しい中、要・不要の判断をし、出勤前にせっかく出したゴミが、帰宅後は戻っているということが、何度とななく繰り返されました。特に散らかりがひどかったキッチンは、ダイニングテーブルが2つあり、椅子は破れていたり、パイプ椅子だったり、そのパイプ椅子も背もたれがなかったりする状態。危険で不衛生な暮らしをなんとかすべく、家族から孤立しながらも、めげずに突き進みました。

まず自分のモノを厳選し、キッチンのモノを根気よくおばあ様に聞きながら整理し、ダイニングテーブルも一つにしました。そして家族が食卓を囲めるようになり、美しいリビングが蘇《よみがえ》ると、甥っ子ちゃんが頻繁に遊びにくるようになり、片づけに反対していた妹さん方も協力的になっていきました。

今は、スペースと気持ちと時間に余裕ができたからか、窓、網戸、玄関アプローチ、ガス台、レンジフード、電子レンジ、シンク、冷蔵庫、トイレなどもこまめに掃除ができるようになり、汚れがたまる前にサッと掃除することで、大がかりな掃除が不要になったとおっしゃっています。

片づけを終え、トークイベントに来てくださったときにお会いしたM様は、肌は輝き、瞳はキラキラして、おしゃれな洋服に身を包み、美しく輝いていました。おばあ様もピアノやギターを楽しみ、ひ孫が遊ぶ様子を幸せそうに見ているそうです。

成功者・M様の声

「キッチンが変わってからは、お料理に旬のモノを取り入れるようになり、お惣菜を買わなくなりました。料理も勉強したり、友達をもてなしたりもしています」

郵便はがき

料金受取人払郵便

小石川局承認

1003

差出有効期間
令和3年8月
1日まで

112-8731

東京都文京区音羽二丁目
十二番二十一号

講談社 第一事業局

生活文化 行

愛読者カード

今後の出版企画の参考にいたしたく存じます。ご記入のうえご投函くださいますようお願いいたします（令和3年8月1日までは切手不要です）。

ご住所 〒□□□-□□□□

お名前
（ふりがな）

生年月日（西暦）

電話番号

性別 1男性 2女性

メールアドレス

今後、講談社から各種ご案内やアンケートのお願いをお送りしてもよろしいでしょうか。ご承諾いただける方は、下の□の中に○をご記入ください。

□ 講談社からの案内を受け取ることを承諾します

TY 000074-1906

本のタイトルを お書きください

a　**本書をどこでお知りになりましたか。**

1 新聞広告（朝、読、毎、日経、産経、他） 2 書店で実物を見て

3 雑誌（雑誌名　　　　　　　　　） 4 人にすすめられて

5 DM　6 その他（　　　　　　　　　　　　）

b　**ほぼ毎号読んでいる雑誌をお教えください。いくつでも。**

c　**ほぼ毎日読んでいる新聞をお教えください。いくつでも。**

1 朝日　2 読売　3 毎日　4 日経　5 産経

6 その他（新聞名　　　　　　　　　　　　）

d　**値段について。**

1 適当だ　2 高い　3 安い　4 希望定価（　　　　円くらい）

e　**最近お読みになった本をお教えください。**

f　**この本についてお気づきの点、ご感想などをお教えください。**

Chapter 02

掃除の
「しないこと」リスト

掃除の考え方

掃除と片づけを混同しない

「掃除と洗濯が大変」「週末は掃除と洗濯で半日つぶれてしまう」

片づけレッスンやトークイベントでお会いする生徒さんたちは、みなさん同じ悩みを抱えています。でも、掃除は単に空間の汚れを取り去ること、洗濯は服の汚れを取って乾かすだけ。この作業の積み重ねで、決して難しいことではありません。**家庭での掃除・洗濯は、本来であればルーティンのように、誰にでもできます。**

生徒さんたちとお話ししていて感じるのは、**片づけと掃除を混同している人がものすごく多いということ。**「掃除しても掃除しても、家がきれいにならない」と嘆く人は、家が片づいていない人がほとんどです。

本来、片づけと掃除はまったく別のモノです。片づけとは、モノを処分するか残すかの判断をし、モノに住所を決めて管理しやすくするためのもの。対して掃除は、汚れたモノを取り除く作業です。床にモノがいっぱいある部屋を掃除しようと思うと、掃除の邪魔となる荷物を移動させてから掃除機をかけることになり、時間もかかるし、負担も大きくなってしまいますよね。片づけと掃除は別モノですが、表裏一体。**片づけが終わっていないと、基本掃除はできない、と認識してください。**片づけの最終目標は、どこに何があるか家族全員わかっている状態。その段階にたどり着ければ、自然と掃除しやすい状態になり、何も考えず反射的に掃除ができるようになります。

片づいた部屋は掃除もしやすい

掃除のしやすい環境を作るために、まず床にモノがない状態にします。家具を減らす、汚れ防止のマットなどを取る（赤ちゃん用のジョイントマット、台所マット、トイレマットなど）、床に伸びているコードをやめる、床に置きっぱなしのバッグ類や積み上げた雑誌などを棚に置くのが出発点です。

　掃除は上から下に、上のほこりを下に落とし、下に落としたモノを集めて取り除くという作業です。集めたほこりやゴミは、掃除機で吸い取るか、クイックルワイパー、ちり取り、コロコロで取るか、濡れた雑巾で拭き取りましょう。

　少し高価ではありますが、**私はお掃除ロボットを持つこともおすすめしています。**初めてお掃除ロボットを見たのは、夫の母が入院していた施設です。いつ行ってもフル稼働しているのを見て、「これは投資だな」と思いました。人の手を煩わせず常に清潔な状態を保っていられるんですから。家でも同じことです。時間を選ばずいつでも掃除ができ、外出前にセットすれば帰宅時にはすっきりきれいになっていますし、食事を作りながらでも動かすことができます。私はルンバを愛用しているのですが、いわばもうひとりお掃除要員が増えたようなもの。**高価なモノではありますが、毎日使うと考えて日割り計算すれば、高すぎるというわけではないと思います。**逆に、使用頻度の少ない便利グッズや洗剤類をたくさん揃えるよりも、しっかり使える一台を持つほうがお得だと思いませんか。

また、掃除機は吸引力が大事だと思っている人が多いのですが、家の汚れはたかが知れていますので、あまり気にしなくて大丈夫です。それよりも「汚れたらすぐに掃除する」ほうがずっと大事。同様に生活の流れの中で、目についた汚れはすぐ取り除くようにします。例えば、洗顔後、タオルで顔を拭いたら、そのタオルを再利用。鏡と洗面所回りの水滴や汚れをさっと拭いてから洗濯機に入れる、2階から降りるついでに階段を乾拭きするなど、手間にならない「ながら掃除」をするといいですよ。ちなみに、**私は家の中にいるときは常にエプロンをつけ、ポケットにはマイクロファイバー系のタオルを入れています。**力を入れなくても汚れがさっと落ちるので、汚れが目についたらすぐに拭くようにしています。

ひどい汚れには化学洗剤を

洗剤についてもよく質問を受けます。**私は超電水とオキシクリーン（界面活性剤が入ったアメリカ製のもの）という酸素系漂**

白剤を愛用していますが、掃除に慣れていないのであれば、お風呂ならお風呂用、トイレならトイレ用に開発された洗剤を使うことをおすすめします。例えば長年掃除していない家のこびりついた汚れは、重曹やナチュラル系の洗剤では落ちません。迷わず、化学の力に頼ってください。エコ問題も大事ですが、家事をスムーズにこなせるようになってから考えましょう。汚れ度合いにより「いい洗剤」というのは変わってきます。

丸ごと一軒片づけると、すべての家事が楽になる

私の提案する片づけメソッドは、すべての家事をシンプルにして、生活を楽にすることです。皆さんにも、できれば家を一軒丸ごと片づけて、考えなくても家事をこなせる楽ちん生活を味わっていただきたいなと思います。

でもまずは、**床の荷物を取り除くことから**。深く考えず試してみてください。床にモノがないだけでもずいぶん掃除は楽になり、部屋もすっきりきれいに見えてくると思います。できることから、ぜひ始めてみてくださいね。

しないこと List 01

たくさんの掃除道具は使わない

掃除道具は5つだけあればいい！

解決すること

収納スペースに入りきらない掃除用具を一掃し、掃除もしやすい環境に。

毎日の掃除の手順は、まずハンディタイプのクイックルワイパーで家具や壁のほこりを払った後、通常の長いタイプのクイックルワイパーで床のゴミを集めます。それをマキタのスティック型掃除機で吸い取るか、コロコロでくっつけて取るだけ。**正味15分程度で終わります。**

階段や部屋の隅、テレビ回りなどほこりが集まりやすい場所は、隙間時間や2階から下りるついでに、エプロンのポケットにいつも入れている、マイクロファイバーのタオルでさっと乾拭きします。掃除機では取りきれないほこりを一掃します。

マキタは軽くて扱いやすく、クローゼットの隙間などにもきっちり収まります。吊るすこともできるので、収納しやすいのも魅力です。

ルンバは、しっかり掃除のときに使います。といっても、外出前や食事の準備の前などに、スイッチオンするだけ。セットして出かけた日は、帰ってくると部屋の空気までですがすがしいんです。**少々値は張りますが、お掃除要員が増えると思えば手に入れる価値はあります。**ただし、床にモノが置かれていると、ルンバも威力を発揮できないので、動線を整えましょう。

Memo　家の大きさに合わせて道具を厳選する

ひとり暮らしの場合は、長いタイプのクイックルワイパーとマキタがあれば十分です。クイックルワイパーをはたき代わりにして壁や棚のほこりを払い、お風呂場の天井掃除にも使います。広くない部屋は一瞬で掃除が終わるので、ルンバは必要ありません。用途が重なるモノは手放し、部屋のキャパに見合った掃除道具を厳選します。

＼ これだけあればいい！ ／

基本掃除道具

掃除用具は家族みんなが使いやすい場所に置くのが鉄則。押し入れの奥などにしまい込まず、すぐ手に取れる場所を選びます。我が家は、洗面所のフックにマキタやフローリングモップを吊るしています。ストックは持ちすぎないよう。

クイックルワイパー ハンディ 取り替え用シート 3枚入

230円（編集部調べ）
0120-165-693　花王株式会社
https://www.kao.com/jp/
さっとなでるだけでほこりを絡め取り、はたき掃除も楽らくです。

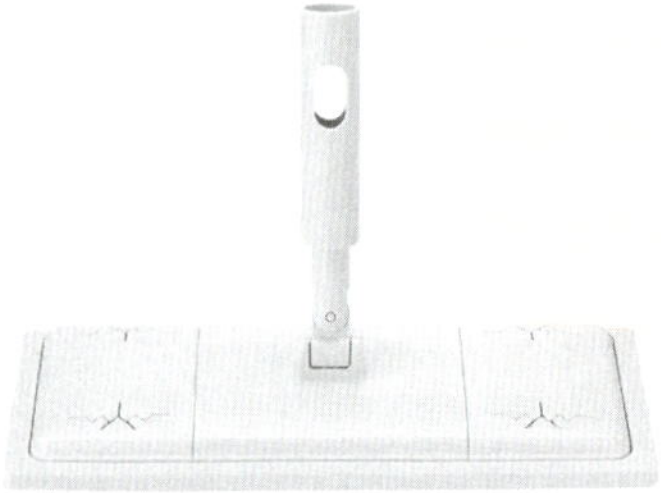

掃除用品システム・フローリングモップ

454円
03-3989-1171（無印良品 池袋西武）
無印良品　https://www.muji.com/
アルミ伸縮式ポールに装着して使います。シンプルな見た目が◎。

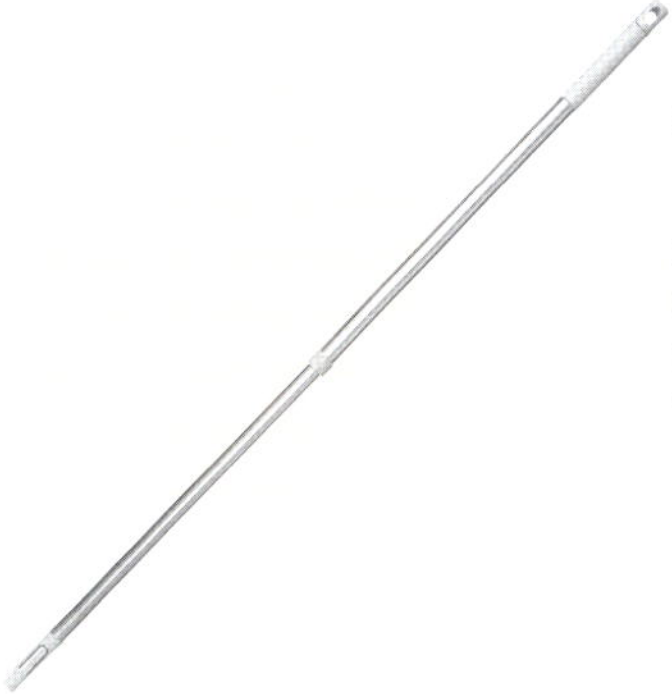

掃除用品システム・アルミ伸縮式ポール

362円
03-3989-1171（無印良品 池袋西武）
無印良品　https://www.muji.com/
無印良品のデッキブラシやバスブラシなどフローリングモップ以外のヘッドにも装着できます。腰をかがめずに掃除ができるちょうどいいサイズで、天井掃除にも重宝します。

クイックルワイパー立体吸着ドライシート 20枚入

330円（編集部調べ）
0120-165-693　花王株式会社
https://www.kao.com/jp/
掃除機では取りきれないほこりやハウスダストまで絡め取ります。片面10〜12回ほど、両面使いもできるのでお得です。

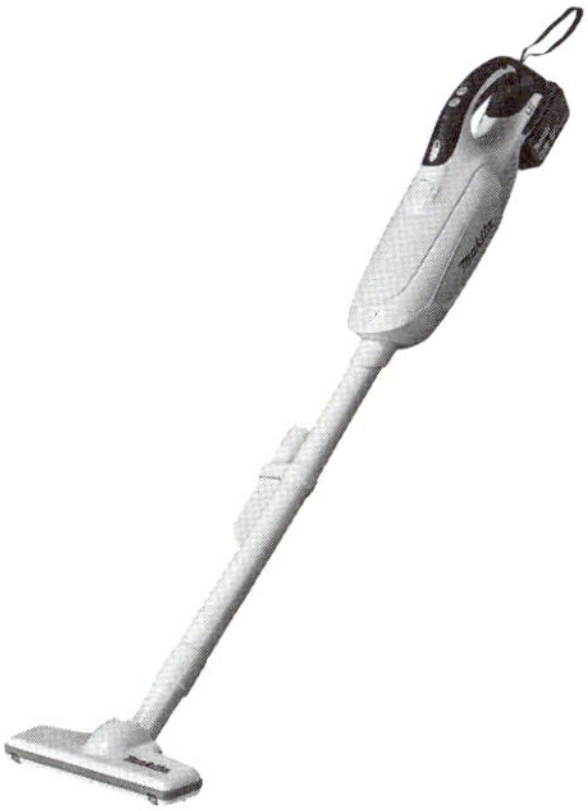

充電式クリーナ CL182FDRFW

3万7600円
0566-98-1711　株式会社マキタ
https://www.makita.co.jp/
駅や公共施設などの掃除に使われているマキタの掃除機。軽くて、シンプルな機能とデザインで、家庭でもプロ品質が実感できます。

しないこと List 02

洗剤の使い分けをしない

洗剤は4つだけあればいい!

解決すること

家中のあらゆる掃除ができる万能洗剤を使えば、無駄な洗剤ストックがなくなり、収納スペースがすっきり。

超電水クリーンシュ!シュ! Lボトル（500mℓ）
980円　0120-41-1132
株式会社ケミコート
http://www.denkai.com/

オキシクリーン EX 802g
1110円（編集部調べ）
0120-498-177
株式会社グラフィコ
https://www.oxicleanjapan.jp/

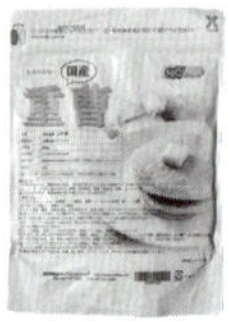

AGC製 重曹 950g
444円　027-347-3233
日本ガーリック株式会社
https://www.nichiga.net/

ドーバー パストリーゼ 77 500mℓ
980円（編集部調べ）
03-3469-2111
ドーバー酒造株式会社
https://www.dover.co.jp/

超電水は、100%水でできている電解アルカリイオン水。**油汚れや皮脂汚れに強く、除菌もでき、少々口に入っても害がないので主にキッチンで使います。**一日の終わりに、コンロ回りやキッチンの壁にスプレーしキッチンペーパーで拭き取るだけです。キッチンをはじめ、床、照明、洗面所等あらゆる場所で使えます。

ドーバー パストリーゼ77はアルコール除菌スプレーです。**国内の酒造メーカーで作られているので安心安全、冷蔵庫内の掃除に欠かせません。**シュッとひと吹きして、マイクロファイバータオルで拭き取っています。また、まな板や包丁、保存容器、お弁当箱などにも使うことで、食中毒予防にも。

オキシクリーンは粉状の酸素系漂白剤で、界面活性剤入りのアメリカ製がおすすめです。私はキッチンで使うふきん類は、毎晩、鍋に水と粉末を入れてグツグツ煮ています。**洗濯機では取れない汚れまで、すっきりきれいに落ちますよ。**

食用重曹は面倒な電子レンジ掃除に。マグカップに水と共に入れチンし、庫内に広がる蒸気が消えないうちにマイクロファイバーの雑巾で庫内をさっとひと拭き。**重曹は食用がおすすめです。**

Memo　月に一度の念入り掃除にも大活躍！

日常の掃除では行き届かない「隠れた汚れ」も、いつもの洗剤で解決。キッチンの作業台とコンロに超電水をスプレーしてラップをかけ一晩パックします。翌朝、IHと調理台の隙間から隠れた汚れがドロドロ〜。キッチンペーパーや雑巾できれいに拭き取ったら終わりです。オキシクリーンはお風呂掃除の重点掃除に活用。浴槽に洗面器や風呂蓋を入れ一晩おけば、ぬるぬるが取れすっきりします。

しないこと List 03

スポンジの使い分けをしない

解決すること

ステンレスミニたわしとスポンジの2つだけを使う。

皿洗いもスムーズで、スポンジも汚れにくい。

シェフ キッチンペーパー
たっぷり吸収 M 100枚×2ロール
756円（編集部調べ）
花王プロフェッショナル・サービス株式会社
https://www.kao.co.jp/pro/
厚みがあり濡れても丈夫なので、出汁こしから掃除まで幅広く重宝。ミシン目以外の場所も切れジャストサイズで使えます。

ステンレスミニたわし
オープン価格
0736-64-8133　ハット株式会社
http://hat-c.com
小回りのきくミニサイズでシンクや、水栓回りの細かい所までしっかり届きます。キズがつきにくくガラスや陶器にも使用可能。8個入り。

スポンジの使い分けはしません。油モノ用、水筒用、シンク用、鍋用など複数持ちはやめましょう。**ステンレスミニたわしと普通のスポンジの2つで十分です。**今どきのステンレスたわしは適度に柔らかく、素材が傷つきにくくなっています。それでいて、鍋にへばりついた小麦粉や焦げつきなどもしっかり取ってくれます。

洗い方はまず、洗剤を使わず水だけで、ステンレスたわしでさっとこすり、汚れや焦げを落とします。その後は、食洗機に入れるか、洗剤をつけたスポンジでいつも通りに洗うだけ。ステンレスたわしで予洗いさえしておけば、スポンジが納豆やカレーでダメになるということもありません。この手順で洗うと、どんなスポンジを使ってもしっかり落ちるので、スポンジのメーカーにこだわる必要もなくなります。また、不満だらけだった夫の皿洗いも、この段取りを伝えたところ大幅に改善。夫婦ゲンカも減りますよ。

ちなみに、2〜3日に一度、オキシクリーンを入れたふきん煮沸の鍋にステンレスたわし、スポンジも加えています。**清潔な状態を保つための手入れが一番大事です。**

Memo　気に入る道具がなければ工夫する

結婚当初、ネットも情報もなく使いやすい道具に出会うまで苦労しました。水筒を洗うための専用ブラシは、いつまでも乾かず気持ち悪いなと思ってふと思いついたのが、キッチンペーパーと菜箸で洗う方法。普通のスポンジでは洗いにくい、水筒など筒状のものはすべてこの方法で洗っています。排水口などスポンジを使いたくない場所も、使い捨てできるキッチンペーパーを活用しています。

しないこと
List
04

手が汚れる掃除をしない

ゴム手袋を使う。雑巾は予洗いしてから洗濯機にポイ。

解決すること

手荒れも疲れもストレスも軽減。ゴム手袋をつけるワンアクションで、やる気スイッチもオン。

ロングゴム手袋 ブラック M
100円
03-5331-5500　キャンドゥ
https://www.cando-web.co.jp/
手首まで覆えるロングタイプで、黒&ストライプキッチンのインテリアにも合うデザイン。柄違いでSサイズもあり。

ロンググローブ M チェック ブラック
100円
0120-188-581　株式会社セリア
https://www.seria-group.com/
長さ39cmで手首の上までしっかり覆えます。黒ベースのシックな色も魅力。S、M2つのサイズ展開。※掲載商品は取材時点のものであり、現在お取り扱いしていない場合があります。

ゴム手袋は手荒れを防ぎ、手を洗う手間を省き、動きを効率化するだけでなく、疲れの軽減にもなります。台所仕事だけでなく、掃除に取り入れましょう。用意するのは、2種類のゴム手袋です。

一つ目は、**肘下まですっぽり隠れるロングタイプのゴム手袋**です。指先にまで力が入るよう、サイズとフィット感を重視して選びます。これは、掃除機や雑巾がけ、玄関の掃除など通常の掃除に使います。私は同じものを2枚所有し、キッチン用と掃除用に分けて使っています。

2つ目は、介護用などとして売っている、**指先までピタッとする使い捨てタイプ**（安いものでOK）です。トイレ掃除や排水口掃除に使い、一回一回処分します。

雑巾は力を入れずに汚れが取れる、マイクロファイバー素材をチョイス。使った後は、水で予洗いしてほこりなどを落とし、洗濯機にポイするだけです。

「家事を頑張っているから手がガサガサ」という美徳は過去のもの、家事もさらっと軽快にこなしましょう。また、手袋をつけるアクションがやる気スイッチにもなり、掃除が習慣化、毎日の家事がスムーズに進みます。

Memo ゴム手袋は家事全般で活躍！

片づけレッスンでモノの仕分けや服をたたむだけでも、手の脂と水分が取られてしまい手はガサガサ、せっかくのネイルも剝がれてしまいます。ある生徒さん曰く「ゴム手袋をして洗濯モノを干すようになり、冬の朝も辛くなくなった」とのこと。手が荒れやすい方などは、掃除と料理以外の家事でも、ゴム手袋を積極的に使いましょう。

しないこと
List
05

年末に大掃除をしない

日々のちょこちょこ掃除を。
大掃除するときは、寒くて忙しい時期ではなく、
10月頃までに済ませる。

解決すること

大掃除なしで、
すっきりきれいな状態で新年を迎えられる。
便利グッズの買いすぎも防げる。

そもそも毎日、こまめに掃除をしていれば年末に大掃除しなくてはならないほどには、家は汚れません。「大掃除はマスト」ではないし、ただでさえ忙しく極寒の年末に、水を使ってまで掃除をする必要はないと思います。現在の生活スタイル、家の広さに合わせて、掃除のやり方も変えましょう。

年末にすることの多い窓掃除は、雨の多い時期が過ぎたときに行う掃除として習慣化させましょう。マイクロファイバーの雑巾を半分濡らして、窓の汚れを拭き取り、もう半分で乾拭きします。それを内側、外側の順で行います。気づいたときにやれば、排気ガスなどでこびりついた油っぽいほこりも力を入れなくてもあっさり取れます。窓2枚なら10分もかかりません。使った雑巾は予洗いして、洗濯機で洗います。

もし**大掃除をする場合も、寒くなる前の10月半ばまでに。**水を使う掃除は真冬だと辛いだけですが、外が寒くなければ清々しい気持ちで済ませられます。網戸の汚れは、ホースで水をかければ一瞬で落ちます。マンションなら、お風呂場やキッチンなどの蛇口からホースを引くか、網戸ごと外してお風呂場で丸洗いしましょう。

Memo 雑巾は、よく落ちるマイクロファイバー製に

洋服やタオルの端切れで作った雑巾は、外掃除や汚れのひどい場所用にし、使い捨てにします。マイクロファイバー素材の雑巾はキッチン→お風呂用→掃除用の順で、時期が来たらお下がりして最後まで使い切ります。お風呂用は使い終わったら、掃除用は水道水で予洗いしてから、ポンと洗濯機に入れ、衣類などと一緒に洗います。

しないこと List 06

バスタブを毎回洗剤で掃除しない

水を抜いたらさっと流して、**マイクロファイバータオル**で拭くだけ。

解決すること

毎晩慌ててお風呂掃除をする必要がなくなり、生活に余裕が生まれる。

お風呂掃除には、洗剤は使いません。毎日のお風呂掃除は、お風呂から上がる前に湯船のお湯を抜き、湯船や壁をシャワーの水でさっと流します。そして、雑巾かバスタオルで水滴を拭き取るだけです。まっ裸のまま（笑）、ささっと行うたった5分ほどの掃除で、水垢まですっきりきれいに。

排水口回りや壁際のカビが生えやすい場所は、身体を洗っている最中に、いらなくなった歯ブラシでささっと磨いています。

ポイントは、**拭き取り用のタオルをマイクロファイバー製にすること。**吸水性に優れ水滴を残さずキャッチしながら、力を入れずに汚れや水垢まで落とします。

お風呂の最後に壁を水やお湯でざっと流すまではやっている人も多いのですが、濡れたままでは水垢もついたままで、蛇口や鏡にもカルキによる白い結晶がつきやすくなります。水滴を拭き取らない限り、あまり意味はありません。

洗濯用にお湯取りする場合も、お湯を翌朝まで持ち越すのはNGです。浴槽に水垢がこびりつくだけでなく、風呂釜が傷み、カビの温床にもつながります。**お風呂を出た直後に洗濯機を回すくらいの、スピード感が大事です。**

Memo 浴室の鏡のウロコ汚れには

鏡の表面に残るウロコ状の汚れは、水道のカルキやカルシウムが残り、白く固まったもの。洗剤では汚れは落ちませんが、人工ダイヤモンドの研磨剤である、ダイソーの「ダイヤモンド ウロコとり」で擦ると、きれいに落ちます。湯船の中や身体を洗うついでに擦るようにしましょう。水分をしっかり拭き取ることが肝心です。

しないこと List 07

トイレのお掃除ブラシを使わない

使い捨ての道具で、ささっと掃除する。

解決すること

手を汚さず、トイレ掃除も楽々。衛生的ですっきりしたトイレに。

スクラビングバブル
流せるトイレブラシ
698円（編集部調べ）
045-640-2111　ジョンソン株式会社
https://www.scrubbingbubbles.jp/
不潔な印象が否めなかったトイレ掃除の革命児。使いすて、洗剤いらず、手も汚れないと、使い勝手も抜群です。

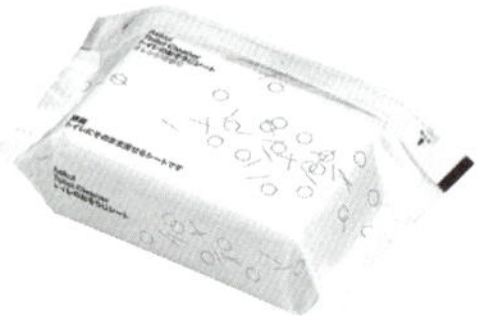

アスクル トイレのおそうじシート
オレンジの香り ファスナー付き
389円（12枚入×3個）
0120-345-987　アスクル株式会社
https://lohaco.jp/
アスクルのトイレシートは厚みがちょうどよく、しっかり拭けます。アスクルの個人向け通販サービス、ロハコでまとめて買っています。

従来型のトイレブラシは処分し、「流せるトイレブラシ」に替えましょう。ブラシ先端に濃縮洗剤が染み込ませてあるのでトイレ洗剤が必要ないうえ、**ワンタッチでブラシの着脱ができ、手を汚さずに交換できます。**衛生面の改善だけでなく、便器の裏側まで届く優れた形状で、トイレ掃除自体が楽になります。

トイレブラシのハンドルには、付属品として床置きタイプの台がありますが、トイレの床にモノを置きたくないので、私はタンクの裏側に吸盤タイプのフックをつけて吊るしています。使用後はトイレットペーパーで軽く拭き、水が滴らないようにしましょう。

トイレ掃除は、比較的きれいな場所から始めます。**壁とドア、床、タンク、側面、便座、便座の裏の順で、トイレシートで拭きます。**アスクルのトイレシートは、しっかりと厚みがあり丈夫なのでおすすめです。1回の掃除に使うのは、3枚ほど。最後に流せるトイレブラシで、便器の中を掃除して、終了です。

お子さんがいる家などは飛び散りにより、後々トイレの壁の色が変わってしまうことも。壁までしっかり拭いてくださいね。

Memo ストック管理も抜かりなく

トイレブラシのストックは、袋に入れたままでは残りの数が把握しにくいので、容器に移し替えています。我が家では、家族の誰もが自分が汚したトイレを掃除できるよう、かわいい瓶に入れて目につきやすいトイレの窓側に置いています。セリアのストレージケースもシンプルで清潔感があり、サイズがぴったりです。

しないこと
List
08

子ども部屋は親が掃除しない

子どものことは
子どもに任せる。

解決すること

どんなに小さな子どもでも、
自分で掃除や整頓ができるようになる。

まず、子ども部屋の掃除の手順を教えます。「上から下に掃除するんだよ」とか「引き出しの中は、一回すべて中身を出してから、拭くんだよ」とひとつひとつ説明しながら、**やり方を見せてあげると、次第に掃除の段取りを理解し、自分の部屋以外も考えずに掃除ができるようになります。**

娘の勉強机は、鉛筆の跡がすぐに黒く残ってしまうので、掃除方法を教えました。「メラミンスポンジと洗面器を部屋に持っていく。鉛筆跡を水を含ませたメラミンスポンジで軽く擦る。最後に乾拭きする」と。その掃除を長年続けたおかげで、娘の机は今もきれいです。

ある生徒さんの1歳3ヵ月のお子さんは、「ナイナイするのよ〜」とやり方を教えると、絵本を「トントン」と言いながら揃えて棚にしまうようになりました。それまで散らかしてばかりだったのは、出すことは知っていたけれど入れることを知らなかっただけなのです。

年齢や性差は関係なく、幼児でも中高生であっても、きちんと掃除のやり方を教えます。親も一緒にやりながら、できるたびにいっぱい褒めてあげ、やる気にさせることで、片づけと掃除が習慣になっていきます。

Memo　片づけることは子どもの財産になる

家を片づけきると、まず子どもが変わります。情緒が安定して不登校が落ち着いたり、自ら勉強するようになったり、朗らかになったり、レッスンを通じてそんなお子さんをたくさん見てきました。もし家族の悩みがあるなら、家を片づけてみてください。片づけの大切さを知っていることは、大人になってからも役立つと思います。

COLUMN

片づけビフォー・アフター②

モノ置き部屋をやめたら家事をこなすのが楽になった

BEFORE

子ども部屋にするはずが、書斎兼物置部屋になっていた部屋。通販の空き箱などが散らかり、風通しもイマイチでした。

AFTER

リビングにあった子どもの学習机を元物置部屋に移動させました。勉強道具もおもちゃもすっきり片づき、友達が来ても思いっきり楽しめます。子どもも大喜び。

K様は、旦那様と結婚3年目にしてようやく授かった、8歳になる息子さんとの3人暮らし。かわいい2羽のインコを飼っていました。ご夫婦の悩みは、常に散らかっていて掃除が行き届かない2LDKの分譲マンション。

せっかく購入した物件なのに、心地よく暮らせていないことに長年悩んでいました。キッチンだけは、ブログや本を参考に、全出しをし、不用品を捨て、かろうじてきれいになっていたのですが、他の場所はモノを手放しきれず、たくさんの収納ケースが、家中にぎっしり詰まっている状態でした。

部屋が機能していない大きな原因は、いつか子ども部屋にしようと思っていた部屋が、物置部屋兼旦那様の部屋になっていたことです。実は、K様の家に限らず、物置部屋があるお宅は、モノが増える傾向にあります。「各場所から溢れたモノは、とりあえず物置部屋に置く」という考えと習慣になってしまい、所有量の枠はどこへやら、モノはどんどん増えていきます。

その結果、本来子ども部屋に置くはずだった学習机は、リビングに置かれていました。その学習机周辺には、K様の趣味のソーインググッズも置かれており、どこに何があるかわからない状態に。息子さんも学校の荷物を探すことができないので、毎日の学校の準備は、母であるK様が行うのが当たり前になっていました。

片づけにあたり、散らかる原因だった物置部屋は子ども部屋に、リビング続きの和室をご夫婦の寝室にすることにし、曖昧になっている部屋の役割を明確にしました。子ども部屋を作っても機能しないだろうと心配していたご夫妻でしたが、子ども部屋が完成したとたん、息子さんはひとりで寝て、朝の身支度ができるようになりました。掃除のやり方を教えてあげると、掃除もできるようになりました。

モノをパズルのようにぎっしり詰め込んでいた家からは、大量の使っていないモノが出て行き、最後には家を覆い尽くしていた、多くの収納ケースを家から出すことになりました。

今は、すっきり片づいたリビングで趣味のソーイングをする時間も増えたそうです。

成功者・K様の声

「今までは家事をこなすだけで精一杯だったのですが、片づけが終わってからあまり気にしていなかった換気扇やガスコンロ、冷蔵庫などの汚れが気になるようになり、ごはん作りや家事の合間にちょこちょこと掃除ができるようになりました。部屋がすっきりしたことで、時間にも心にも余裕ができたので、こまめに掃除ができるようになり、大掃除などしなくても、簡単にきれいをキープできています。今年は、大掃除もすることなく正月を迎えることができました！　先日は、夫がテレビの裏の大量の配線を全部床からあげてくれました。それを機に、夫が片づけに協力してくれるようになりました。今まで捨ててくれなかったモノも、少しずつですが処分してくれるように変わってきています」

Chapter 03

洗濯の「しないこと」リスト

洗濯の考え方

効率よく乾かせば、洗濯の悩みはクリアになる

洗濯には「洗う」「乾かす」「たたむ」「しまう」の4つの作業があります。衣類を洗うことは洗濯機がやってくれますから、大きな問題にはなりません。**最大の悩みは、干すこと、乾かすことについてです。**

生徒さんから「子どもが3人、4人といるから、干すのが間に合わない」という話をよく聞きます。特に冬場や梅雨時は洗濯モノがなかなか乾ききらず、カーテンレールにハンガーを吊るしっぱなし、ようやく乾いた洗濯モノもソファや和室に山積み状態、なかなか収納までたどり着けず、蟻塚のようにあっちこっちに積み上げられた洗濯モノの山から今日着る服を探す毎日。「それって私のこと!」と思う方もたくさんいるのではないでしょうか。

できれば、洗濯乾燥機にお任せする

私が日々の洗濯を難なくこなせているのは、乾燥機つき洗濯機・日立のビッグドラムのおかげです。やることといえば、洗濯モノを入れるだけ、乾燥まで機械任せにしています。掃除の場合のルンバ同様、誰かが洗濯を代わりにやってくれている感覚です。手をかけなくても家事をこなしてくれるのであれば、家電の助けを借りるのは絶

対アリだと思います。

「ビッグドラムがあってよかった」と心底感じたのは、普段は施設にお世話になっていた夫の母が帰宅したときです。介護をされている方はおわかりになると思いますが、帰宅は常に１週間分の大量の洗濯モノと一緒。何回も洗濯機を回して、それを干してとなると重労働ですし、天気が悪かったら施設に戻るまでに洗濯モノが乾かない可能性だってあるんです。でも、ビッグドラムに洗濯モノを放り込んでおけば、そのストレスがゼロに。帰宅中はいろいろなお世話や食事の準備もあるので、それに洗濯が加わったらきっとイライラしたと思います。

もちろん家で汚してしまうこともあるのですが、「はいはい、いいよ〜」と軽く受け流せていました。だって、洗濯機に入れるだけでいいんですから。それに、ビッグドラムは音が静かなので、夜中でも気にせず回せるのが便利です。

今でも、あのとき義母を傷つけずに済んでよかったと心から思います。そんな経験があるので、子育て中や介護を抱える方など忙しい人こそ使ってほしい、少しでも楽してほしいと思っています。

洗濯乾燥機を導入するだけで、イライラの回数が減ったり、子どもに絵本を読んだり、話を聞いてあげたり、きっと家族と向き合う時間と笑顔になれる時間が増えると思います。

効率的に乾かす方法を考える

とはいえ、ビッグドラムはとても高価です。すぐには買えない方や、スペース的にどうしても置けない家が多いのも事実です。その場合は、洗濯モノが乾くまで干しっぱなしにせず**「どうやったら最短で乾くか」を考えます。**量をためると負担になるので、ひとり暮らしなら1週間分まとめて洗濯しようとしないこと、2人暮らしなら毎日洗濯することです。そして、浴室乾燥、エアコン、扇風機や布団乾燥機、サーキュレーターの風を当てて、効率的に乾かします。

ある生徒さんはお子さんが4人。洗濯量が多いので、部屋に紐のレールをつけて、エアコンで乾かすことにしました。乾燥時間は3〜4時間程度。いつも何かしら洗濯中だったので、全体的に服の量が多かったのですが、定数を決めて持つことができるようになりました。

カーテンレールにはエアコンの風が当たらないので、冬や梅雨時期はいくら長時間干しても洗濯モノは乾きません。突っぱり棒や紐を設置して吊るしてください。エアコン代を気にされる方もいますが、家事がいつ終わるかわからないという精神的な負担から解放されると思って、目をつぶりましょう。ここで大切なのは効率です。

また、コインランドリーも積極的に利用しましょう。最近は、カフェが併設されるなどきれいなコインランドリーも増えて女性でも入りやすくなりましたし、家では洗いにくい布団など大物の洗濯にも便利です。

洗濯がうまくいくと、服の量も減らせる

洗濯が毎日きちんと乾くようになると、干しっぱなしの洗濯モノが片づき、部屋がきれいに見えるだけでなく、モノの量が減り、管理しやすくなります。例えば、バスタオルは、家族の人数プラス2枚もあれば、十分回せます。下着や靴下なども減らせるので、収納に余裕ができ、探しやすくなります。

道具を揃えて環境を整え、洗濯を楽にこなしてくださいね。

しないこと
List
01

週末のまとめ洗濯をしない

洗濯乾燥機でほったらかし。

解決すること

干す手間がなくなり、時間を問わずに洗濯できる。

ドラム式洗濯乾燥機
ビッグドラム BD-NX120AL／R
36万円（編集部調べ）
0120-3121-11　日立グローバルライフソリューションズ株式会社
https://kadenfan.hitachi.co.jp/
AI搭載で汚れの量や布質などをセンシングし、効率よくきれいに洗濯します。

「洗濯モノがたまってしまう」「干す場所がない」「カーテンレールに常に干しっぱなし」などの洗濯問題は、**洗濯乾燥機を導入することで大幅に解消されます。**洗う→乾かすまでを一気にやってくれるので、干す手間がなくなると同時に、天候に左右されることもありません。私は日立のビッグドラムを愛用していますが、ナイトモードなら音も小さく、時間を問わずに洗濯できます。

そのとき、シワになりやすいシャツやパンツ類は、手洗いコースで別洗いし、ハンガーにかけて乾かします。枚数も限られているので、後からシワを伸ばす作業よりも、干してしまうほうが断然楽です。

スペース的に洗濯乾燥機が置けない家も多いと思いますが、部屋干しする場合は、**エアコンや布団乾燥機、扇風機などの風をしっかり当てて意識的に乾かします。**カーテンレールに吊るすだけでは、一向に乾かないので、突っぱり棒などを使い、風が当たるようにします。また、個人の部屋に干し、共有スペースが散らからないようにするのも肝心です。

毛布などの大物、旅行後、梅雨時期など洗濯量が多いときは、コインランドリーも便利です。

Memo　家電を駆使して効果的に乾かす

ひとり暮らしの場合は、突っぱり棒などに洗濯モノを吊るし、エアコンをつけた部屋を閉めきり、4時間ほどタイマーをかけて出かけます。布団乾燥機や扇風機を組み合わせるとより短時間で乾きます。ある生徒さんは旅行終わりにコインランドリーに寄り、洗濯と乾燥までしています。旅行の後始末が激減し、助かっているそうです。

しないこと
List
02

洗濯モノはたたまない

ざっくり収納&ハンガーにかけて、乾いたらそのままクローゼットへ。

解決すること

〝たたみ待ち〟の洗濯モノの山がなくなる。クローゼットも見た目美しく。

SKUBB スクッブ ボックス
1388円（3ピース）
0570-01-3900　イケア
https://www.ikea.com/jp/ja/
幅31×奥行き34×高さ33cm。クローゼットの枕棚にもぴったりなサイズなので、バッグ入れにも。

洗濯には、洗う、乾かす、たたむ、しまうの4つの工程があります。乾かすまでは、洗濯乾燥機を取り入れることで解消しますが、たたむ工程がうまくいかないと、とたんに洗濯モノの山が出現し、リビングが散らかりだします。**もし「たたむ」がうまくいかないならば、たたまない収納を考えましょう。**

まず、同じサイズのかごを家族の人数分用意します。イケアのSKUBBは使わないときにはコンパクトになるのでおすすめです。かごは「パパ用」「ママ用」「息子用」などと人別にし、取り込んだ洗濯モノを分類して入れるだけです。これだけで、洗濯モノの山はできません。後は、個人個人が衣類をクローゼットに収めるルールを作り、実践するようにします。

下着、靴下などは所有する枚数を決め定数管理すれば、たたまなくてもシワになったり、行方不明になることはありません。

また、**おしゃれ着洗いした衣類は、ハンガーにかけたままの形でクローゼットに。**洗濯用と収納用のハンガーは種類を変えず、どちらでも使えるモノにします。ハンガーを統一することで、見た目がよいだけでなく、動線が整い、洗濯作業もスムーズになります。

Memo 干しやすさも収納も、ハンガー選びが肝心

ハンガーは薄くて場所を取らないタイプを選びます。布が滑りにくい起毛素材は、ワンピースや華奢なキャミソールなどをしっかり捉えてズリ落ちません。圧力が均一にかかるので形崩れ防止にも。パンツ、マフラー、ネクタイ、ベルトなども引っ掛けられる三角形のタイプがおすすめです。重たいスーツは3本重ねて吊るします。

しないこと
List
03

色や素材で仕分けるのをやめる

家族に**乾燥**までしてよいモノと**手洗いコース**のモノに分けて、脱衣かごに入れてもらう。

解決すること

洗濯の下準備がなくなり、洗剤を入れ、スイッチを押すだけ。

　洗濯にあたり面倒なのが、おしゃれ着洗いの洗濯モノを分ける、裏返しの靴下を直す、裾を折ったままのパンツをのばす、洗濯ネットに入れる、他の洗濯モノを傷めないようにファスナーを閉じる、などの洗濯機を回す前の作業です。一つひとつはちょっとしたことなのですが、個別対応が必要で機械的にできるものではなく、手間と時間が取られます。

　これらの作業は、**自分の分は自分でやるように家族に徹底しましょう。**一人ひとりのかごに入れる前のちょっとした配慮が、朝の時間を助けます。

　洗濯前の衣類を入れる脱衣かごは、2つ用意します。**全自動で乾燥まで仕上げる衣類、おしゃれ着洗いしたい衣類（おしゃれ着洗いコースにかけ、シワにならないようにハンガーに干すもの）の2つに分類**し、こちらも家族に自分の分は責任を持って入れてもらいます。色物や素材別に洗濯モノを分ける方も多いのですが、「洗濯待ち」が多くなり、洗濯がいつまでも終わらない原因になりがちです。「洗えば一緒」と大らかに考え、乾燥の有無で分けてください。

　脱衣かごは、見た目もシンプルな、イケアのSKUBBがおすすめです。

Memo　洗濯はかかる時間を把握する

洗濯はまずおしゃれ着洗いをしてから、洗濯乾燥までのコースをします。乾燥までのコースは全部で4〜5時間かかるので、この順番を間違えると「着たかったシャツが洗濯中」なんてことになりがち。段取りが大事です。急ぐときこそ、モードや脱水、すすぎ時間の設定を変更するなどして、終わり時間を意識して使いましょう。

しないこと List 04

布団は干さない

布団乾燥機を活用する。

解決すること

排気ガスや花粉も付着せず、いつも布団がふかふか。

ふとん乾燥機 アッとドライ
HFK-VH1000
1万5000円(編集部調べ)
0120-8802-28 日立グローバルライフソリューションズ株式会社
https://kadenfan.hitachi.co.jp/
湿気のたまりやすい敷布団の両面乾燥もできます。

布団を干すのは重労働、かつ花粉や排気ガスも気になります。これからはいっそ**布団は外に干さず、布団乾燥機でケアしましょう。**

最新型の布団乾燥機は、敷布団（ベッドのマットレス）と掛け布団の間にアタッチメントを差し込むだけと扱いも簡単です。

夏は、温風で寝汗をしっかり飛ばしつつ、送風を併用してさわやかな布団に。冬は、寝起きのケアに加えて、寝る30分ほど前から温風をかけておくと、湯たんぽや毛布が必要ないほどぬくぬく&ふかふかになり、太陽に当てたとき以上の気持ちよさです。

布団を干す手間と花粉などを気にする必要がなくなるのですから、一石三鳥。ダニコースなどもあり、特別な布団ケアも可能です。

また、**サイズはA4大でクローゼットの隙間などに収納しやすく、価格も1万円台とお手頃。**布団乾燥だけでなく、洗濯モノの部屋干し（衣類にしっかり風を当てます）にも使えるので、ひとり暮らしの方にもおすすめです。

ついつい万年床になっている方も、取り入れてみてください。睡眠環境が整うと、ぐっすり眠れるようになります。疲れも取れ、日中のパフォーマンスも上がります。

Memo 布団乾燥機は睡眠と収納にも効果的

寝る直前にも布団乾燥機を使うようになり、真冬でも布団がぬくぬくで、寝つきもよくなり、睡眠の質がアップ。また、毛布、電気毛布、ボアシーツなども使わなくなり、すべて手放しました。寒い地域の方は難しいかもしれませんが、季節家電や日用品は収納を圧迫しがちなので、布団乾燥機の導入で見直しも図れます。

しないこと List 05

アイロンをかけない

アイロンがけが必要ない素材を選ぶ。

解決すること

面倒なアイロンがけがなくなり、休日の夜もゆっくり過ごせる。

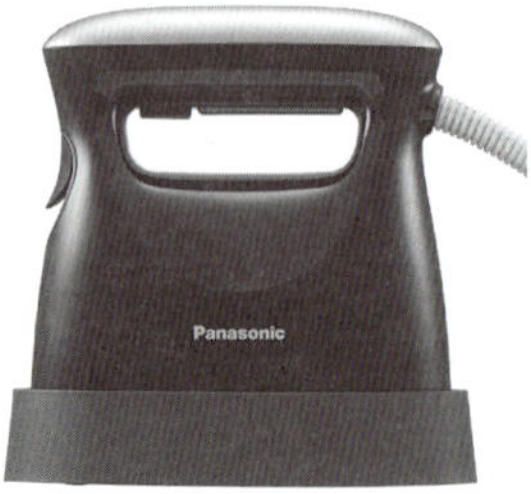

衣類スチーマー NI-FS550
1万2000円（編集部調べ）
0120-878-691　パナソニック
https://panasonic.jp/iron/steamer/
スチームの立ち上がりが約24秒と早く、忙しいときにもさっとかけられます。

シワになりやすいシャツやハンカチ、リネン類も、素材を選べばアイロンがけの必要がなくなります。

例えば、**ハンカチはタオルハンカチに、シャツやブラウスは形状記憶機能のある素材に、ワンピースも麻やコットンではなくシワになりにくい素材を選びます。**洗濯乾燥機なら、アイロンがけをしなくていいだけでなく、乾燥まで一気にできるので超楽ちん。ワイシャツもクリーニングいらずです。

素材が選べない制服のシャツ、どうしても着たい麻やコットンの服などは、日立の洗濯乾燥機・ビッグドラムの風アイロン機能が重宝します。乾いた状態で、「スチームアイロンコース」に15〜30分ほどかければ適度にシワが伸び、ふんわり感もアップ。忙しい朝でもほったらかしのままシワが伸びるので便利です。

風アイロンがない場合は、パナソニックの衣類スチーマーを。どの向きでもスチーム量が変わらず、アイロン台を使わずにさっとかけられます。アイロンをかけた時と同レベルではありませんが、深いシワが浅くなり、全体的なシワも取れ、十分です。さらに、衣類についた飲食やタバコの臭い、加齢臭まで取ってくれます。

Memo　スーツを着ないなら衣類スチーマーだけでOK

フラットなアイロン面を使ってプレス仕上げもできる２WAYなので、しっかり仕上げたいときも便利。アイロン面が船形のWヘッドで、手前に引いてもシワになりません。小ぶりなサイズで動きもスムーズ、軽量なので手も疲れません。ハンガーに服をかけ、服を引っ張りながらスチームを当てるとさっとシワが取れます。

しないこと
List
06

柔軟剤は使わない

ジェルボールの洗濯洗剤と乾燥機能を使う。

解決すること

洗剤を量らずに済み、家族の誰もが洗濯機を回せるようになる。

エマール
リフレッシュグリーンの香り 500mℓ
320円（編集部調べ）
0120-165-693　花王株式会社
https://www.kao.co.jp/
汚れと臭いを落とすだけでなく、ニットの袖口など伸びよれを整え、形を保ちます。

柔軟剤や洗濯洗剤の複数使いは、ストックが増えるだけ。そもそも乾燥までかければ、柔軟剤なしでも衣類はふかふか、あえて使う必要はありません。

おすすめの洗剤は、ジェルボール型です。 衣類の量に合わせた洗剤の計量が必要なく、1個つまんで洗濯機に入れるだけと、使い勝手が抜群です。また、家族の誰もが洗濯機を回せるようになり、家事の分担も可能になります。すすぎも1回で済むので、節水と時間の短縮にもつながります。

ひとり暮らしの場合は、エマールなどおしゃれ着洗い用の洗剤だけで十分です。というのも、洗濯の全体量が少ないので、乾燥までかける衣類とおしゃれ着に分類する必要がないからです。**すべておしゃれ着洗剤で洗い、ハンガーで乾かしたい衣類は、途中で取り出して干しましょう。**

洗剤類には、香りが特徴的なものや、きついものもあります。柔軟剤を使う場合も、周りに配慮し、使う量に注意します。

業務用やアメリカサイズの洗剤も、いつまでも使い切れず、収納にも場所を取ります。洗浄力は日々進化しているので、新しいものを少量買いましょう。

Memo　おしゃれなナチュラル洗剤より手軽さが大事

環境への配慮やエコなおしゃれ感から、ナチュラルな成分の洗剤が人気です。ですが実際は一度では汚れが落ちきらず、予洗いが欠かせなかったり、化学系の洗剤と複数持ちして使い分けている場合も。子どもの有無などにもよりますが、洗濯に時間をかけ、家事を大変にしてまで、使う価値があるのか考えてみてください。

しないこと
List
07

衣類は、自宅で保管しない

保管サービスに預けて、次に着る季節にピックアップ。

解決すること

収納スペースがすっきり。
服のシワ予防にもなる。

Laxus（ラクサス）
https://laxus.co/
月額6800円で、ブランドバッグが自由に使い放題。預けることもできます。

air Closet（エアークローゼット）
https://www.air-closet.com/
スタイリストが服をセレクト。汚しても買い取りにならず安心。月額6800円～。

オフシーズンの衣類は自宅で保管せず、クリーニング店等の保管サービスを利用します。やることは、いつものように衣類をクリーニングに出すだけ、次に着る季節が来るまで預かってもらいます。

ダウンやニット類など冬のかさばる衣類がなくなると、収納はすっきりします。夏物のワンピースやシャツなどはたたんで収納すると、シワになりやすいのが難点でした。そんなクリーニング後の収納の悩みから、一気に解放されます。

20%オフなどの期間に、15点パックなどセット割引を利用して出せば、たくさん出しても価格を抑えられます。数合わせに、普段は家で洗っているようなニットやカットソーも一緒に出せば、新品同様の見違えた姿で帰ってきますよ。

レンタルやシェアサービスを利用するのも、賢い選択です。私も、月額制でブランドバッグが使い放題の「ラクサス」を利用し、毎シーズン違うバッグを使っています。また、「エアークローゼット」もおすすめです。年齢や好み、着るシチュエーションなどを指定すると、服が宅配便で届きます。着終わったら、洗わずに返却すればいいので、手入れいらず。クローゼットの服の削減にひと役買います。

Memo　ブランド品を貸して、収入にする

「ラクサス」はバッグを借りるだけでなく、預かりもしてくれます。10年以上前に買い、散々使った、某ブランドバッグを試しに預けてみたところ、メンテナンスをしてくれ、借りてくださる方がいて、収入まで得ています。それも結構いい金額。そんなわけで次にバッグを買うときは、ブランド品を選ぶと決めています（笑）。

COLUMN

片づけビフォー・アフター③

部屋干しと家族全員で寝ることをやめました

BEFORE

子ども服、おもちゃ、勉強道具などが入り乱れ、2段ベッドも荷物置き場に。結果、家族全員で寝ていました。

AFTER

兄弟が一緒に眠れるよう3段ベッドを導入。天井が近い上段は、熱がこもり暑いので、エアコン導入は必須です。

N様は、お子さんが3人（12歳、8歳、4歳）いらっしゃる5人家族です。お住まいの築30年以上の団地は、構造的にカビの生えやすいお宅です。フルタイムで仕事をし、家事、育児をとても頑張っていても、家にカビが生えてしまうのが悩みです。片づけに際し、押し入れを全出ししたときには、押し入れにはカビがぎっしり。その様子に、とてもショックを受けていらっしゃいました。

原因は、モノがぎっしり詰まった押し入れがある部屋に、濡れた洗濯モノを年中干し、かつその部屋に布団を敷いて、家族全員で寝ていたこと。つまり、湿気がカビを益々繁殖させていました。

まずは就寝スペースを見直し、新たに子ども用に3段ベッドを購入しました。夫婦はカビやすい押し入れに布団を収納しなくて済むよう、かつて子ども部屋に設置したものの、結局荷物置きになっていた2段ベッドで寝ることにしました。

個人の部屋を整えて、リビングを整理したあとは、ドラム式洗濯乾燥機を購入。

「一日換算にしたら高い買い物ではない！」と一大決心した結果です。

家がきれいになり、一番家事に協力してくれるのは、8歳のMちゃんです。洗いモノのお手伝いや、洗濯機とお掃除ロボットもスイッチオンしてくれます。「毎日きれいで気持ちいい」と、最近は弟の保育園のお弁当も作ってくれるようになりました。

成功者・N様の声

「ビッグドラムに買い替え、洗濯は格段に楽に。夜間も洗濯乾燥できるので、気持ちに余裕ができ

ました。干さなくてよいし、タオルはふかふかで、本当にありがたいです。4歳の息子がドラムで遊ぶことを心配していましたが、杞憂でした。今では多忙なママ友に、ドラム式洗濯乾燥機の導入をおすすめしています。

以前は、子どもの友達が遊びに来るなんて絶対に無理と思っていましたが、今は『あ、来たの？』と穏やかに受け入れられるようになりました。来客も今は怖くありません。また、仕事後も、寄り道せず自宅にまっすぐ帰るようになり、家にいる時間が増えました。

どうして片づけができるようになれたのかな、と考えてみましたが、『自分がやるしかない』『片づけるのは、誰かじゃなくて自分』『やれば終わる』とストンと心の中で落ちたからだと思います（今となっては、そんなの当たり前のことなんですが）。それに、時間も空間も余白がないと、何もかもうまくいかないことを理解できたのが大きかったです。

また、建物の構造上の欠陥や対処法やアイテムなども丁寧に教えてもらえたのもよかったです。不動産のお仕事もされ、建築にも詳しい京子先生だったからこそ、ここまで生活が変えられたのだと思っています。励まして褒めて伸ばす、先生の基本的な姿勢は、子育てにも仕事にも生かせるなぁと。真似させてもらおうと思います。片づいた環境で子育てできたら、子どもも将来自分できれいな空間を作り出せるようになると思うので、今片づけきれて、本当によかったと思います。ありがとうございました」

Chapter 04

日用品の「しないこと」リスト

日用品の考え方

自分のモノは自分の部屋に、日用品は家族共有クローゼットに

収納場所を決めることは、石阪流片づけメソッドの基本中の基本。というのも、片づけられない家の特徴のひとつに、1ヵ所にたくさんの役割が集中していることが挙げられるからです。

特に家族の共有スペースであるリビングは、ときに人を招く場所でもあり、きれいをキープしておきたい部屋。ところが、一緒に片づけに取り組むほぼすべてのお宅は、テーブルには子どもの勉強道具が積み上げられ、床にはおもちゃが散乱し、通勤バッグや仕事の資料が床や椅子に置かれているⅠ……といった状態。**家族のための空間に、個人の持ちモノが大量に混在してしまっているため、散らかっています。**

このままの状態では「家事をやめる」のは至難の業です。身に覚えがある方は、どんな小さなモノでも各自の部屋に移動させることを心がけてください。個人の部屋がない、もしくは個人の部屋には収納がないという方は、**リビングの収納場所をジャンルや人別に区切って使います。**「ママゾーン」「パパゾーン」「子どもゾーン」、「お仕事ゾーン」「家族共有ゾーン」「季節モノゾーン」といった具合に、扉付きの見た目のよい収納家具に、収納場所を決めて、「7割収納」を守ってください。

日用品は不要品も見極めやすい

実際の片づけレッスンでは、まず「どこに何を置くのか」、収納する場所を決めるのですが、**まずは個人の枠、家族共有品のモノを置く枠を決めます。**

家族のモノを置くスペースは、子ども部屋以外の個室、廊下収納、玄関収納、リビング収納です。子ども部屋に大容量の収納スペースがある場合を除き、子ども部屋に家族の共有品を置くと物置化する原因になるので控えましょう。スペースに今あるモノすべてを持ち続けるのは諦めましょう。ムダを排し、その場所に何を置くのかを決める優先順位づけが大切になってきます。

例えば、部屋の数の扇風機と、家族分のクールマットがあるとします。その場合は、「扇風機とクールマットをやめてエアコンを設置する」といった選択が必要です。特に扇風機やクールマットのようにその季節にしか使わないものは、削減の対象です。枠に対して必要なモノを置いていきます。また、用途が似ているモノは厳選しましょう。「必要なモノ」を明確にして、モノを厳選します。

モノを買うのは、片づいてから

何かを購入するときは、「欲しいモノリスト」を作ります。私のメソッドでは、片づけは捨てるところからスタートするのですが、捨て続けて新しい生活を意識したときに、必ず「必要なモノ」「新たに欲しいモノ」が出てきます。私の片づけメソッドでおすすめしているハンガー、ファイルケース、洗濯機、布団乾燥機……と一気に買いたくなりますが、少し時間を置きます。

というのも、**片づけて生活が変わると「絶対に必要」と思っていたモノが変化し、他のモノで代用するなど工夫するようになるからです。**「洗濯機から出したモノをどこに置いておいたらいい？」「じゃあ、分類できるようにイケアのＳＫＵＢＢを買おう」といった具合に、次第に優先順位が見えてきます。安い順ではなく、優先順位の高いものから購入してください。

収納はざっくりでいい

文房具は立てて収納する、布団はワイシャツに包みこむなどして小さくまとめ、イケアのＳＫＵＢＢに入れる、袋入りのモノは袋から出すなど、いかにコンパクトにするかを考えます。例えば、袋の状態では収納しきれないトイレットペーパーも、バラして横に入れれば、収納スペースにしっくり収まるということがあると思います。何事も、積み木を積み替える感覚で試しましょう。繰り返すうちに、我が家の収納に合ったテクニックが磨かれると思います。

また、同じようなカテゴリーのモノは、集めて、収納ボックスにまとめます。**掃除**

用具、充電器などもまとめて、書類用のファイルボックスなどにざっくり入れましょう。そのとき、ボックスの中をきれいに区切って細かく収納してしまうと、片づけは続かなくなります。収納というときれいに整頓することと誤解しがちなのですが、外からは見えないし、取り出しやすければいいのですから、ざっくりで十分です。経験上、大きすぎず小さすぎない、**ファイルボックスくらいのサイズが一番探しやすく、管理しやすいと思います。**余裕があれば、ファイルボックスをマスキングテープなどでラベリングしてください。

　あまり使わない日用品は、収納を圧迫するただの不要品です。なくても工夫次第で何とかなります。本当に使うモノだけを厳選し、所有しましょう。

しないこと
List
01

マット類を使わない

汚れ防止マットはすべてやめる。防音のためなら、家で洗えるラグを敷く。

解決すること

マットの下はゴミだらけ。撤去することで、掃除もしやすくなり、清潔に。見た目もよくなる。

玄関、トイレ、キッチンなどに敷くマット類は外しましょう。家を散らかさない第一歩は床にモノを置かず、掃除しやすい環境を作ることです。

汚れ防止のために設置したマットの下には、ほこりやゴミがたまりがち。それに、いちいちめくらなくては掃除機もかけられません。マット本体も分厚く、洗濯もしづらいですよね。それなら、床を毎日拭いたほうが、楽ちんで清潔だと思いませんか。トイレの床や便座は、汚した自覚のある本人が自己責任で、さっとトイレシートで拭けばいいだけの話です。

同様に、赤ちゃん用のジョイントマットもやめましょう。家具の角さえ気をつければ、片づいた部屋で大事に至ることはありません。本来、赤ちゃんに必要なのは清潔なスペースのはずです。ところが、掃除機では取りきれないゴミやほこりが、ジョイントの隙間やクッションの凹凸にたまり、不潔な状態になってしまっています。第一、リビングに置くには、見た目もおしゃれとは言い難い。防音のためなら、**家で洗えるラグを敷くなど工夫しましょう。**

トイレットペーパーを吊るすカバーやピアノカバーもNGです。

Memo　ジョイントマットは家の価値を下げる!?

不動産の仕事で家の査定をした際、養生用のカーペットの隙間から落ちた細かなチリやほこりが長年踏まれ、フローリングに傷をつけていることがありました。残念なことにフローリングは張り替えに。子ども用のジョイントマットも同じ理由からおすすめしません。テーブルの上のビニールマットにメモを挟んでいる方が多いですが、せっかくの木の質感を楽しめずもったいないと思います。

しないこと List 02

突っぱり棒収納は設置しない

収納を増やすことより、モノを減らすことを重視する。

解決すること

物置化を防ぎ、見た目も改善。地震の備えにも。

窓枠物干し　MW-260NR
3980円（編集部調べ）
0120-211-299　アイリスオーヤマ株式会社
https://www.irisplaza.co.jp/
窓枠にすっきり収まりカーテンを閉じれば見えません。片手でさっと取り出して洗濯＆布団干しに。

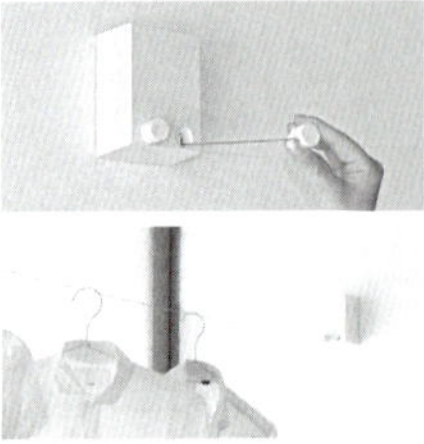

室内物干しワイヤー pid 4M
1万2000円
072-480-1400　森田アルミ工業
https://www.moritaalumi.co.jp/
部屋のインテリアになじむシンプルデザイン。急に手を離してもワイヤーがゆっくり戻り安心です。

突っぱり棒を使った収納を、あちこちに増やすのをやめましょう。

天井の角やちょっとした隙間に設置できる収納は、スペースの有効活用と思いがちなのですが、見た目も悪く、部屋を圧迫し使いづらくしているだけです。また、うまく使いこなせず、細々したモノをちょい置きしてしまいがちな場所なうえ、地震のときには危険に直結します。スチールラックなども同様です。収納を増やす前にモノを減らすことが肝心です。

洗濯モノを干すための突っぱり棒選びにも、ひと工夫を。そもそも見た目が生活感に溢れているうえ、洗濯モノやコート、アイロン待ちのシャツ、クリーニング戻りの服などやみくもにかけてしまい、部屋が散らかって見える大きな原因です。**収納時は目立たせず、使うときだけ引っ張り出すタイプを選ぶようにしましょう。**

例えば、カーテンレールに物干しを設置するタイプは、壁に穴をあけずに設置できるので賃貸でも安心。窓辺に設置するので、日当たりもよく布団干しにも活躍します。ワイヤータイプは4mもの長さがあり、見た目以上の実力。コンパクトなプライベートルームにつけるのに向いています。

Memo　家具を買うときは、安くてもよく考えてから

元々センスのよい人は、モノの厳選が得意。だから100円ショップのモノもおしゃれにディスプレイできるのですが、片づけが苦手な人は、本当に必要な家具や収納を買う決断ができない人が多く、見せる収納は至難の業。だからこそ、予算を出し、何年使うか計算してみて、長く使えるいい家具を購入することをおすすめします。

しないこと List 03

来客用の布団＆座布団を持たない

必要なときはレンタルする。場所をとらないエアーマットレスもおすすめ。

解決すること

使用頻度の低い来客用に、収納スペースを奪われない。

プライムコンフォート（シングル）モデル：64443
1万4796円（編集部調べ）
03-3871-8131　株式会社オンダ
http://www.toysonda.com/
使用しないときは、コンパクトな専用バッグに入れて収納します。

年に数回しか来客がないのであれば、来客用の布団や座布団は手放します。必要使用頻度の低さに対し、収納スペースを圧迫するものは、**必要なときにレンタルすれば事足ります。**

「布団」「レンタル」とインターネットで検索し、申し込みすると、季節の布団を家まで届けてくれます。清潔でふかふかの布団が送料込みで一式5000円前後、座布団も2000〜3000円程度です。使用後はシーツを洗う必要もなく、そのまま回収してくれます。宿泊の前後の布団干しや、リネン類を洗う手間がかからないだけでなく、かさばる布団やシーツを保管する際の家の坪単価を考えると、かなりお得だと思います。

もしレンタルが不安なら、事前にお試しすることをおすすめします。義理の両親にも使ってもらえるクオリティだとわかれば、安心して布団を手放せるはずです。

頻繁に来客があるなら、エアーマットレスを検討してみては。ひとり暮らしをしている娘の家にもあるのですが、悪くない寝心地ですよ。気を使わなくていいのであれば、キャンプ用の寝袋もおすすめです。災害時の避難所などでも使え、防災グッズにもなります。

Memo　潔く来客用布団がないことを伝えるのも手

日本ならではのおもてなしの心の表れが、来客用布団だと思うのですが、いつ来るかわからない来客のために狭い家の中を圧迫し、日常生活を不便にするのはどうかと思います。頻繁に来客がないのであれば、「うちにはお布団がないのよ」とサクッと断り、お友達ともお互いの家には泊まらないというのもありだと思います。

しないこと
List
04

多種類の文房具を使わない

それぞれ1種類だけあれば事足りる。

解決すること

取り出しやすく、使いやすい。

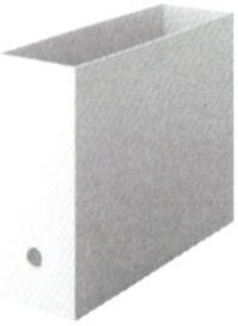

ポリプロピレンファイルボックス・スタンダードタイプ・A4用・ホワイトグレー
639円
03-3989-1171（無印良品 池袋西武）
無印良品　https://www.muji.com/
丈夫で、日用品から書類整理まで幅広く使えます。

持ち出しフォルダーカラーA4 グレー
150円
0120-201-594　コクヨ株式会社
https://www.kokuyo.co.jp/
書類は分野ごとにフォルダーに挟み、ざっくり収納。

文房具は、種類も数も厳選します。**筆記用具は、ボールペンとネームペン、必要に応じて赤ペンがあれば私は事足ります。**鉛筆は公的な書類には使えず、案外出番がありません。子どもがリビングで勉強するときも、自分の筆箱を持ってくることをルール化すれば、家族用の鉛筆は必要ないでしょう。

私は英語を勉強しているのですが、鉛筆を使うと鉛筆削りや消しゴムも必要になるため、フリクションボールという消せるボールペンを愛用しています。

数を厳選するときは「書けるから残す」ではなく、必要なモノをピックアップします。見た目や使い心地が気分の上がるモノを選びましょう。ノベルティは潔く断り、家に入れないように。

筆記用具各1本とハサミとのりをひとまとめにして、取り出しやすく収納。バラバラの中身が見えると美しくないので、透明ではないコップに挿して、扉がある収納スペースにしまっています。

ハガキ、便箋、封筒、慶弔袋、ポチ袋、宅配便のラベルは、発送関係のファイルボックスを作り、ひとまとめに。ボックスの中を持ち出しフォルダで分類し、立てて収納しておくと便利です。

Memo　文房具はもらわないか、寄付をする

今の時代、何かの説明会や勉強会に行けば、ペンやクリアファイル、付箋やメモ帳、さまざまなグッズがもらえます。ですが、家では使いきれるはずありません。まずは増えないように「もらわない」と決めるのも手です。既に大量に使いきれない文房具を持っている方は、学校や、職場に寄付すると喜ばれるのでおすすめです。

しないこと
List
05

部屋着を着ない

宅配業者が来ても**恥ずかしくない**服装で過ごす。

解決すること

いちいち着替えることなく、すぐに買い物に出かけられる。

家にいるときも、家の中でしか着られない服ではなく、**近所であればすぐに出かけられるような服装をしましょう。**露出のある服や、毛玉のついたリラックスウエアではパジャマと同じ、宅配業者が来ても出られません。

片づけレッスンで洋服の厳選をする際、外出用だったウエアをお下がりにして「部屋着にします」とおっしゃる生徒さんも少なからずいらっしゃるのですが、家でおしゃれ着は動きづらいだけです。実際、着心地の悪さから着ないことが多いので、お下がりは最小限に。「時代遅れかな」「似合っていない」「1年以上着ていない」と思う服は、潔く手放します。

家用の服は、快適で家事がしやすく、着ていて疲れず、近所のスーパーくらいならそのまま出かけられるような、清潔感のある服を選びます。もちろん、プチプラでOKです。

部屋着を着ていいのは、授乳中など特別な時期だけです。その場合も2~3枚と部屋着の定数を決めます。洗濯乾燥機があれば、数は必要ありません。

掃除のときに服が汚れるのが気になるなら、掃除用の服ではなく、エプロンを着けましょう。

Memo　服を片づけると、美人度もアップする

片づけ終わると容姿も美しくなります。似合う好きな服だけに絞ることで、おしゃれが楽しくなり、髪型やメイクもアップデートします。私は、白いTシャツや黒のハイネックセーターなどは消耗品としてワンシーズンで手放していい価格帯から選んでいます。安くても、新しい衣類が気持ちも見た目もパリッと見せてくれます。

しないこと
List
06

季節の飾りつけはしない

生活スタイルに合わせ、飾りつけの**大きさ**と**頻度**を整える。

解決すること

季節の飾りが収納を圧迫するのを防ぐ。

七段飾りの雛人形や大型の鯉のぼりなど、家のサイズに合わない節句飾りはやめましょう。クリスマスに加え、ハロウィン、誕生日など昔はなかった季節の飾りつけが、随分と増えました。そういった飾りつけも、生活に合わせたサイズでチョイスすることが肝心です。第一、狭い部屋では生活動線が悪くなるだけ。そして、**年に一度のイベントのために、大事な収納を奪われないようにしましょう。**

愛情が伝われば子どもは喜びます。例えば、ケーキを前にして毎年写真を撮ったとか、家族で折り紙の飾りを作ったなど、子どもはずっと覚えているものです。それに、誰かがSNSにアップしたおしゃれなイベント写真に一喜一憂するくらいなら、割り切ったほうが気持ちも楽です。

我が家にも雛人形はありますが、都会の家では収納も飾るのも大変。娘には譲らず、私がある程度の年齢になったら処分する予定です。

節句飾りを買ってくれた夫の両親に気を使う方も多いですが、生活を犠牲にする必要はありません。「押し入れが半分潰れるので実家に置いてほしい、五月の節句には必ず帰るから」などと、具体的に交渉することも大切です。

Memo　ツリーの代わりに、季節の料理でおもてなし

節句や季節のイベントは、料理で楽しみます。我が家は毎年クリスマスとお雛様は、実家の両親も招いて食卓を囲みました。年末の忙しい時期の飾りつけをサクッと手放して、街のショーウインドーを楽しむだけで十分！　さて、今年は何を作ってほしい？　と家族のリクエストを聞き料理に腕をふるうのが、私の楽しみでした。

しないこと List 07

子ども用、来客用の食器を使わない

普段使いも来客に出せるクオリティのモノに。セットで揃えておもてなし感もアップ。

解決すること

専用食器に場所をとられず、食器棚も7割収納になるから、家事もスムーズ。

来客用の食器はあえて持たず、普段からお客様にも出せる食器を使います。そのとき、**5〜6客単位でセットで揃えるのが肝心です。**我が家では「招く人は、食卓の椅子の数まで」と決め、椅子と同数の食器やカトラリーを用意しています。

必要な皿は、直径25㎝前後の平皿、15㎝前後の平皿、サラダボウル（スープや煮物も入れられて便利）、グラス、カトラリー類です。皿は電子レンジや蒸し器にも使えるモノで、1枚割れても追加で揃えられるように定番品を選びます。

セット買いにこだわるのは、皿の大きさが揃っているだけで扱いやすいから。皿を洗うのも拭くのも、重ねて収納するのも、動作が一定で迷わずにさっと動けます。また収納したときの見た目も整い、テーブルに並べると、おもてなし感も出ます。

引き出物などでいただいた2枚組の皿は思い切って処分するか、気に入ってるなら同じモノを追加で購入して数を揃えましょう。箸も個人用のモノを持たず、統一すると、食事の度のペア探しもなくなり、準備が楽に。マグカップはお客様には出せないので、家族分以外は手放します。

Memo 料理は見た目が9割

思い切って買った作家モノの器に、いつもの卵焼きに大根おろしをのせて出したところ、「今日の卵焼きは店みたいやな」と夫。普段は絶対に手をつけない料理にも「うんいける！」と。偏食を直すのは、なんと簡単なことか（笑）。おかげで、引き出物や我が家には合わないブランドモノの食器を大量に手放すことができました。

しないこと
List 08

FAXやCDプレーヤーを使わない

FAXの代わりにPDFデータをメールする。音楽はストリーミングサービスを活用。

解決すること

管理も簡単で、収納にも余裕が生まれる。置くための棚が必要なくなるので、部屋も広々。

Spotify Free
無料（プレミアム版は月額980円）
office@spotify.com
スポティファイジャパン
https://www.spotify.com/jp/
世界中の音楽5000万曲以上が無料でずっと聴き放題。

Audible
月額1500円（税込み）
0120-899-217　Audible,Inc.
https://www.audible.co.jp/
本を聴く。古典から話題の本まで網羅したオーディオブック。

今や書類のやり取りはデータが主流になりました。仕事上も、メールやラインでのコミュニケーションが当たり前になり、紙の書類もスキャンしてPDF化すればOKなくらいです。一般家庭であればFAXは手放して全く問題ありません。また、**インクや紙のストックも必要なくなるので、収納にも余裕が出ます**。固定電話は子機だけのモノを選ぶのが鉄則ですが、若い方であれば新たに固定電話を持つ必要もないと思います。

CDも音源をデータ化して、パソコンやスマホに保存します。私は英会話のCDをスマホに入れ、移動中や散歩中、料理中などにBluetoothのワイヤレスイヤフォンで聴いています。場所と時間を選ばないので、勉強も三日坊主にならずに済んでいますよ。**音楽なら「Spotify」、オーディオブックの「Audible」などアプリ利用もおすすめです**。ちなみにデータ化が済んだCDは売るなどしましょう。

FAXやCDプレーヤー等を置く背の低い棚は、メガネ、ダイレクトメールなどちょっとしたモノをちょい置きしがちです。部屋が散らかる原因にもなるので、家電と同時に撤去しましょう。

Memo 音楽のデータ化で、家事もスイスイ

家事をするときは、好きな音楽とセットにすると気分が上がりズンズン進みます。以前は、洗いモノや掃除機をかけると雑音が入り聞こえなかったのですが、今はBluetoothのイヤフォンがあるので、雑音が入らず大助かりしています。オーディオ機器やCDが手放せたおかげで我が家は大きなリビングの壁面収納が手放せました。

COLUMN

片づけビフォー・アフター④

思い出の品を手放したら、理想の暮らしが手に入った

BEFORE

各部屋の収納にモノが収まりきらないため、日用品や衣類による地層がリビングにまで侵食していました。

AFTER

雛人形を飾った部屋で子どもや孫たちと会話する余裕が生まれました。猫がいますが、不衛生にもなりません。

K様のお宅は、既にお子さんは独立され、ご夫婦で3階建ての3LDKの戸建住宅にお住まいです。独立されたお嬢さんから「汚部屋に住む母が心配なので、助けてほしい」とご相談があり、トークイベントにお母様を連れていらっしゃいました。実はお嬢さんには、「実家の汚部屋での思い出は辛いことばかり。片づけをして過去の辛い思い出も消してしまいたい」という思いもありました。

実はK様は「お前は何をやってもダメだなあ」と子どもの頃から言われ続けて育ったため、自分の決断力に自信がないとのことでした。モノを手放し整った家にするのには、「捨てる」「残す」と決断の連続です。この決断力のなさが、日用品の山を招いていました。長年の地層になったモノと向き合うには、自信のなさを払拭するのが第一です。そして、片づけの強い目的を何にするかが課題となり、じっくり話を伺うことにしました。

「理想の暮らしはどんな感じですか?」とお聞きすると、「片づいた部屋で過ごしたい」、旦那様は「大の字になって寝てみたい」とのこと。そしてなにより、「散らかった家では不衛生で危険だと敬遠し、孫が一度も家に遊びに来たことがない。かわいい孫を呼べる家にしたい」ということでした。

K様のお宅では、旦那様とK様の過ごす部屋をしっかり分け、台所は不衛生にならないように、モノを手放す決断を繰り返し、3トントラック2台分のゴミを出しきりました。その後2週間は、リバウンド防止のため、夕飯後の片づけの写真、掃除後の写真を、欠かさずに送ってもらいました。

COLUMN

成功者・K様の声

「自分を変えたい、このまま人生を終わりたくないと一念発起して片づけをしました。新婚旅行用にと、母が買ってくれたワンピースまで取ってあるほど、一度手に入れたモノは捨てられない性格なのに、安いとつい買ってしまうという悪循環。主人は一生懸命仕事をし、稼いでくれていたのに、私が散財してしまっていました。結局やらない洋裁道具もたくさん持っており、家はモノで溢れかえっていました。

両親が娘に買ってくれた七段飾りの雛人形は、娘が生まれたときの一度だけしか飾っていませんでした。思い出の品ではありますが、私には今後も七段飾りを飾るのは難しいと判断し、思い切って女雛男雛だけを残し、あとは処分しました。捨てるのは苦しい決断でしたが、今では毎年飾ることができています。

片づけは苦しかったけれど、孫を呼べる家にしたいという思いと、京子先生と娘の応援のお陰で、大量の日用品、衣類、本、さまざまなモノを手放し、最終的にトラック2台分処分し、身軽な家になりました。

今では、3歳と2歳になった孫娘2人が、泊まりがけで遊びに来てくれるようになり夢も叶いました。

最近になり、実家の仏壇を受け継ぐことになったのですが、片づいているので置き場所もすぐに決まりました。片づいているとすべてがスムーズに進み、そのすごさを痛感しております」

Chapter 05

習慣の「しないこと」リスト

習慣の考え方

だらけてしまうのは、疲れているから

何事もシンプルな仕組みにすることが「家事をしない」ためには必要ですが、家事が立ち行かなくなるのは、疲れからくる悪習慣が原因であると感じています。さらにスマホが手放せない、録画したテレビを見てしまう、洗いモノがたくさんある、安売りで大量買いしてしまうなども、悪習慣そのものです。

帰宅するとまずはリビングに向かい、荷物やコートを適当に置いて、とりあえずソファにどかっと座る。スマホをチェックして、リモコンでテレビをつけてとやってるうちに、あっという間に夕飯の時間。以前は、私にもこんなことがよくありました。でもどう頑張っても、一度ソファに座ったら最後、立ち上がれないのです。でも、何度も繰り返すうちに**「自分は意志が弱い」と自覚して、ソファに座るのを一切やめました。**もし、意志が強かったらソファから立ち上がれるはずです。それができないなら、ソファから離れようといった具合です。いつからかそれが習慣になり、無意識にできるようになりました。

まずは、生活を乱す習慣をやめる

習慣とは、毎日同じように繰り返すことです。まずは、**床にモノを置かない、テー**

ブルにモノを置かない、の2つを続けましょう。 我が家がすっきり片づいているのは、「テーブルや床に何か置いてあるのを見つけたらモノを取り除く」という習慣があるからです。帰宅後すぐにどかっと座らない、スマホの通知を切る、やることがあるときはお酒を飲まないなど、時間とお金をムダにしがちなクセを意識してやめてみてください。

「しない」習慣に慣れてきたら、新たな習慣を始めてみましょう。

例えば**「トイレに入ったら便座シートで拭く」「2階に上がったら、雑巾で階段を拭きながら下りてくる」**といった具合に、家事を生活の流れの中に取り込みます。続けていくうちに「顔を洗って歯を磨く」ことと同じように無意識にできるようになります。新たに始めるなら、自分の苦手分野から挑戦すると、生活が変わります。

ある生徒さんは夕食の準備に時間がかかることに悩んでいました。そこで掃除と洗濯は後回しにし、**午前中に夕食の準備をすることにしました。** 朝、家族を送り出した後、料理に取りかかります。余裕を持って献立も考えられるようになり、生活がうまく回るようになりました。

その方はもともと料理に苦手意識があり、食事の準備に時間がかかるうえ、タイムリミットに焦って、悪循環におちいっていたんです。「朝は掃除と洗濯」という思い込みを捨て、時間帯を変えただけで、すべてがうまく回るようになり、料理、掃除、洗濯、何も諦めずに済んでいます。苦手な家事がある人は、今までの習慣と思い込みを捨て、家事の工夫と先取りを習慣化してみてください。

子どもの習慣づけには、見本を示してあげるのが一番。特に思春期や小さいお子さんがいらっしゃる方は、将来きっと役立つ、と信じて頑張ってみてください。

料理すると、意識と習慣が変わる

今まで、片づけで人生が変わった生徒さんをたくさん見てきました。でも、家の片づけをすることはマイナスをゼロにすることであって、人生をプラスにするためには思考をチェンジして、新たな習慣を身につけることが欠かせません。

「片づけきったのに幸せになれない」「幸せになれないのは片づけが足りないからだ」という考えにおちいっているなら、まずは食事を作る習慣を作ってください。

「明日は鍋だから時間のあるうちに、野菜を切っておいて保存袋に入れておこう」「苦手な料理は朝に作ろう」といった具合に、「何をどう解決していくか具体的に考える」という思考に変えると、料理することが習慣になります。手作りの料理を家族で食べると、家族の意識も次第に変わってきます。

理想の暮らしをイメージして、新たな習慣を作る

私の仕事は片づけですが「その先のことを考えてほしい」という気持ちでこの本を作っています。私が片づけで一番大事にしている**「片づけの意識改革」は、片づけの向こう側の理想の暮らし、どうして片づけたいと思ったのかを強く意識することです。**

習慣づけも同じことです。「理想の暮らし」をしっかりイメージし、具体的に何の習慣を変え、工夫し、習慣づけるのか、もっともっと考えて自分のスタイルを見つけてくださいね。きっと想像以上の幸せが待っていると思います。

しないこと List 01

バッグを床に置かない

帰宅後、すぐにリビングに行かない。

解決すること

リビングがいつもきれいに。
バッグの中身もリセットできる。

帰宅後、リビングの床にバッグを置くのはやめましょう。置いてしまったら最後、バッグの周辺から散らかり出し、バッグの中身も煩雑になって、忘れ物もしがちになります。第一、**リビングはパブリックな場所、個人のモノを置くのはNGです。**

「無意識に、何気なく置いてしまう」をなくすために、帰宅後すぐにリビングに向かう習慣をやめます。子どもがいると、自分のことは後回しにしがちですが、まず自分の身の回りのこと、バッグの中身を片づけます。

私は、帰宅したら買い物袋はダイニングテーブルに置き、まず2階のクローゼットに向かいます。コートなどをかけてから、財布からその日使ったレシートを取り出し、精算ボックスにとりあえずイン。時計・アクセサリーを外し、財布・手帳はクローゼットの引き出しにしまいます。スマホを充電器に。そのルーティンをこなしたら、エプロンをして（部屋着には着替えません）、初めてリビングに向かいます。冷蔵庫に食材を入れるより、早くごはんを作ることより、この習慣が最優先です。正味5分ほどですが、リビングの散らかりをしっかりと防ぎます。

Memo まずは自分の行動をルール化する

人は、自分の行いよりも他人の行動に目がいきます。でもよくよく見ると、自分の書類や読みかけの本がテーブルに出しっぱなしになっていたりします。家族の行動に目くじらをたてる前に自分の行動をルール化し、スムーズに行う習慣をつけましょう。家族には、やんわりと伝えていくと、いつの間にか散らからない家が作れます。

しないこと
List
02

時間と手間がかかる節約をしない

送料がかかっても
ネットで買ったほうが
結果安い場合がある。

解決すること

家事効率の低下を防ぎ、自然にお金も貯まる。

時間と手間がかかる節約はやめましょう。例えば光熱費。エアコンをかけない、洗濯乾燥機や布団乾燥機を使わない、といった電気代の削減は、体力が落ち、家事効率の低下を招くだけです。

おすすめしたベッドや洗濯乾燥機、ルンバなどは価格もそれなりですが、買わないことが節約ではなく、家事を楽にしてくれます。**細々したことや自分のパフォーマンスが落ちる節約はせず、快適に暮らすことを考えます。**

節約をするなら、不要な外食をやめる、結局使わない食品や洗剤のストックや使用頻度の低い洋服を買わない、むやみに100円ショップに行かないなど、繰り返しお伝えしてきたことを実践することです。モノを減らした快適な空間で、シンプルな暮らしをしていれば、自然にお金は貯まります。

また、電車に乗って欲しいアイテムを買いに行き、余分なモノを購入し、お茶して帰ってくるくらいなら、**ネットで買って送料をかけたほうがお得です。**100円均一やプチプラアイテムは、手軽な値段に釣られることなく、必要なモノ以外は買わないように。「電気代を1500円節約するのがどれだけ大変か」と考えてみてください。

Memo 家計の一発逆転は、固定費の見直し

固定費の見直しが、家計を大幅にV字回復させる鍵です。専業主婦や社内勤務が多い方なら、格安携帯を選択して不便はないはず。月々の使用料が、大幅に抑えられます。ガスと電気の見直し、住宅ローンの借り換えや保険の見直しなど、家事負担が減ればその時間を有効に使え、家計ともしっかり向き合えるようになります。

しないこと
List
03

紙の管理をしない

デジタルで管理できるものはなるべくデジタルに。

解決すること

管理がしやすく、検索も簡単。面倒な書類整理から解放される。

ScanSnap iX100
2万2000円
050-3786-0811　株式会社PFU
https://scansnap.fujitsu.com/jp/
コンパクトで持ち歩きも可能。読み取りもスピーディです。

世間の流れはペーパーレス化です。今のうちにデジタル化にチャレンジし、必要なときに必要な書類を取り出せるようにします。また、紙の書類で家が散らかることもなくなります。

学校や保育園などの書類は、スマホアプリ「エバーノート」のスキャン機能を使いデータ化します。 写真と違い、日付やタイトルを入れて保存できるので、出先でキーワード検索し、必要なグッズもさっと購入可能です。

その他、お取り寄せグルメ、心に残った名言など大量の情報もScanSnapなら、まとめてPDF化、クラウド保存できます。

スマホアプリも日々進化しているので使わない手はありません。「トリセツ」はほぼすべての家電の取扱説明書を網羅しており、型番での検索が可能です。「EPARKお薬手帳」は、自身と家族のお薬情報をスマホ登録し、電波が届かないところでも服用中の薬を確認することができます。

年末活躍するのが、日本郵政のアプリ「スマホで年賀状」です。 絵柄も豊富で、無料で宛名印刷、宛先ごとに個別メッセージも入れられる充実っぷりで、自宅を経由せず、直接相手に送れます。

Memo **機械に弱くてもデジタル化はできる！**

白状すると、私は機械オンチです。でも、今は、そんな私でも使えるほど、デジタル化は簡単になりました。わからなければ、グーグル検索や、ユーチューブ検索で使い方は手に取るように教えてもらえますしね。「新しいことにはトライアンドエラーで挑戦する！」常にそう思って、100歳まで頑張りたいと思っています（笑）。

しないこと
List
04

「お下がり」をしない

本当に気に入ったモノだけ取っておく。
プチプラでいいので
新しいモノを買う。

解決すること

「いつかのため」に収納を奪われない。
子どもにいつもかわいい服を着せられる。

子ども服のお下がりはやめるか、最低限にします。**親戚や友人からのお下がりも、お断りします。**年子の場合はいいのですが、年齢が5歳離れていれば保管する服は5年分。それが子どもの数だけあると膨大な量になります。そのうえ、80、90とサイズの分類も大変です。収納を圧迫するうえ、いざ着させようと思ったらサイズアウトしていたり、「お下がりではかわいそう」「お姉ちゃんとお揃いを着させたい」などの理由から、結局着ない服も出てきます。

お下がりする場合は、本当に気に入っている服や上質なお出かけ着だけに。吐きこぼしなどをする乳児は別ですが、3～4歳になったら定数管理します。**下着、Tシャツ、ズボンのセットが3日分もあれば十分、それらを着倒します。**オフシーズンの服は小さくたたみ届かないところに。おしゃれな服やブランド品はシーズン後に、リサイクルか売りに出します。

衣替えは、半年に一度、ゴールデンウィーク前と10月に。すべての服を出して、内容を把握します。衣替えができない量の服は、持ちすぎです。大人用の服も「部屋着にしよう」などと考えず、潔く処分しましょう。

Memo　子ども服は着倒せば、衣替えが楽になる

片づけレッスンで拝見する、お子さんの洋服の量といったら驚くほど。今は服が劇的に安くなり子どもにも毎日違う服を着せるようになったから、ものすごい量があるのです。ワンシーズンで着倒すという感覚で子ども服を買い、サイズアウトした服の仕分けに時間と手間をかけるのをやめたほうが、費用対効果が高いと思います。

しないこと
List
05

布団の敷きっぱなしをしない

スペースがあれば押し入れにしまう。
もしくは、ベッドを取り入れる。

解決すること

清潔で掃除も簡単。

North 宮付きハイタイプ
6万8874円（編集部調べ）
0120-93-9703　家具通販わくわくランド本店
https://www.kagu-wakuwaku.com/
スペースの有効活用が叶う、しっかり丈夫な3段ベッド。

万年床は、湿気だらけ。かつ布団を上げないと掃除もできないので不衛生、布団を踏んだり、床にモノを置いたりすることに抵抗がなくなり、審美眼も低下。怠惰な生活にも直結します。そもそも、寝る以外には使えない部屋があるという状況はよくありません。

一般的に、押し入れがない部屋はベッド用に設計されています。クローゼットに布団が収まらないのは、布団収納を想定していないからです。また、フローリングでは布団もすぐにカビてしまいます。和室の場合でも、その部屋で使う布団が収納しきれなかったり、収納が布団に圧迫され、洋服や他のモノが溢れ出ているなら、**ベッドの導入が賢い選択です。**

「ベッドを置くと圧迫感が出そう」という意見もありますが、それは余分な家具やモノが寝室を占領しているからです。引き出し式の収納がついているタイプを選ぶなど収納場所を確保し、スチールラックなどの背の低い家具を撤去します。また、マットレスとキャスターがついた折りたたみベッドもおすすめ。日中は立ててコンパクトに収納できます。子ども部屋なら、ロフトベッド、多段ベッドなども活用しましょう。

Memo 片づけの意識を子ども時代から育む

布団収納のスペースがなく、ベッドもすぐに入れられないお宅には、布団をきれいにたたんで和室の隅に置き、カバーをかけることと、「絶対に上に乗って遊んではならない」と伝えています。子どもが将来、自分で暮らしが整えられるよう、衣食住を普通に過ごすことの大切さを伝えていきたいと、お節介ながら考えています。

しないこと List 06

家族全員で一緒に寝ない

子どもと別に寝る。

解決すること

ママの負担が減り、子どもの自立が早くなる。

定員オーバーのベッドに、家族みんなで寝ていては、眠りも浅く、疲れはいつまでも取れません。夜中に子どもが泣くなどの理由で、パパだけ別の家も多いですが、疲れるのはママも一緒。一人寝が心配な乳児期を過ぎたら、子どもと別に寝ることにトライします。**仕事、家事、育児をしっかりこなすためにも、睡眠は大切です。**

ひとつの部屋で寝ると、着替え、寝る前に読む絵本など、人数分のモノや衣類が寝室に集まり、無法地帯に。そして、脱いだ服を拾うのも、ベッドメイクもママの仕事に。いろいろなお宅で片づけに取り組むうちに、家族の身の回りのことをすべてママが担ってしまう根源が「一緒に寝ること」にあるのではと思うようになりました。

私のメソッドでは、家全体と間取りを見ながら、すべての引き出しの中身を確認し、部屋の役割を明確にします。それはどの部屋に何を置き、誰が管理するのかを決めるため。**部屋の役割が決まってはじめて、散らからない仕組みが生まれます。**子どもが寝るスペースは子どもが管理する場所として、最低限のベッドメイクなどをさせる仕組みを作ります。自立した大人になるための第一歩です。

Memo　子どものスペースをあらかじめ確保する

就寝スペースが定まらないと、部屋の役割が決まりません。家族が一緒に寝るというスタイルは、子どもたちの成長とともに無理が生じてきます。赤ちゃんを授かったら、大きくなったときのことを考えて、子どもの場所を確保しましょう。子どもの使える場所が明確になり、おもちゃや衣類が必要以上に増えすぎることはありません。

しないこと

List 07

現金は持ち歩かない

ネットバンキングやクレジットカードで**キャッシュレス化、**スマホアプリでお金の流れを把握する。

解決すること

銀行に行く手間が省ける。
全財産が把握でき、お金の管理がしやすい。

Moneytree
無料
（Moneytree Work経費精算は有料、月額500円）
support@getmoneytree.com
マネーツリー株式会社
https://moneytree.jp/
日々の支出も財産も一目瞭然で、機能も充実。
操作性のよさも魅力。

　キャッシュレス化が急速に進み、クレジットカード払いは当たり前、電子マネーやアプリの電子決済などスピーディな支払い方法が続々と登場しています。また、銀行の窓口も縮小傾向です。直に来る現金を持たない生活に、今のうちに慣れておきましょう。

　まず取り入れるのは、ネットバンキングです。窓口で申し込めば、ネット上で振り込みができ銀行に行く時間を削減、入出金や残高もスマホですぐに確認できます。ブラックリストに繋がる、振り込み忘れもなくなります。

　クレジットカードは家族で一元化します。お金の流れが見え、ポイントも一元化できます。

　お金の流れはスマホアプリで管理が得策です。「Moneytree」は、複数の口座を一元管理できるアプリです。カードの使用状況やネットバンキング、保険、収入等と紐づけられるので、日々の支出と全財産が一目瞭然。カード決済を食費、医療費といったふうに分類し、項目ごとの年間支出も出してくれます。しかも、家族が買い物するたびにスマホに通知が来るので、夫が注文した本やゴルフの値段も丸わかり（笑）、不審な支出にもすぐに気づけます。

Memo　ネットバンキングは怖くない

ネット銀行を不安がる方が多いですが、「銀行で残高照会を確認しなければ収支がわからない」というほうが、私には不安です。家の全財産の把握からお金の管理は始まります。今月の光熱費、カード支払い、夫のゴルフ代まで一目でわかる個人資産管理アプリを使い、毎日収支に目を通していくことがお金を貯めるスタートラインです。

しないこと
List
08

ずっと同じメイクをしない

一年に1〜2度化粧品カウンターで新しいコスメを買う。

解決すること

古い顔とおさらば。いつもフレッシュな印象で、アンチエイジング効果も。

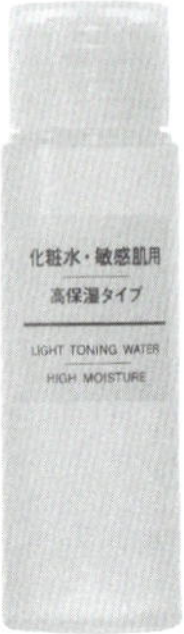

化粧水・敏感肌用・
高保湿タイプ（携帯用）50mℓ
269円
03-3989-1171（無印良品 池袋西武）
無印良品
https://www.muji.com/
天然植物成分配合で刺激に弱い肌を優しくケア。低価格なのも魅力。

メイク用のコスメは、毎日使ってもなかなか減りません。そのため、昔のチークやアイシャドウ、口紅などを捨てずに取っておきがちですが、**化粧品にも使用期限があり、未開封でも3年が限度（開封済みはもっと早い）です。**また、古い化粧品を使ったメイクは、色もテクニックも若い頃のまま、痛々しく見えることも多いです。化粧品はある程度使ったら、潔く処分しましょう。

私は、半年に一度、デパートの化粧品カウンターに行き、フルメイクしてもらっています。その中で、気に入ったアイシャドウや化粧下地などのメイク用品を購入するのが恒例行事。ファンデーションひとつ取っても質感に流行り廃りがあり、新しいものをつけると顔色と共に心まで明るくなります。気に入った化粧品があっても、翌年はできるだけ違うものを買い、新しい顔になれるよう意識しています。大人だからこそメイクの力を最大限に生かして、イキイキした印象を保ちたい！

ちなみに、基礎化粧品は出張のたびに詰め替えるのが面倒なので、普段から無印良品の旅行用サイズを愛用。化粧水、オイル、クリームをライン使いしています。

Memo 旅先ではあえて試供品は使わない

以前、化粧品で顔中が真っ赤に腫れ上がり、痒くて痛くて大変な時期が半年ほど続きました。それからは化粧品選びも慎重になりました。コスメコーナーで試供品をもらっても、出張先や旅行先では万が一トラブルがあったら怖いので絶対に使いません。試供品は使いたいものであれば、すぐに使い、自宅で試すようにしています。

しないこと
List
09

SNSはなるべく見ない

SNSはルールを決めて。
アプリの有効活用が
スマホの賢い使い方。

解決すること

時間のムダ使いと、
不要なネットショッピングを防ぐ。

SNSを見るのはやめましょう。人と比べて落ち込んだり、羨ましくなるのが関の山です。ちょっとスマホを手に取ったつもりが、ネットサーフィンやネットショッピングにも繋がり、時間とお金のムダに。**「移動中はいいけれど、無制限に時間があるときにはダメ」などルールをきちんと決めましょう。**

私もLINEレッスンの期間中以外は、SNSの通知を消し、仕事や勉強に集中しているときに、通知音で作業が中断しないように心がけています。私のように、個人で仕事している人や専業主婦は、特に自分を律して、時間をコントロールする必要があります。

また、ある生徒さんは、子どもがスマホを触りたがるので、寝静まるまでは使わないと決め、周りの方にもルールを伝え、理解してもらっているそうです。

とはいえ、スマホは便利です。**SNSで時間を消耗するくらいなら、アプリを有効活用しましょう。**例えば、家計簿アプリでその日の支出を入力し、貯蓄の額をチェックする、料理アプリで料理の研究をする、家事をしながらオーディオブックや音楽、英語を聴くなど、アプリの使い方次第で暮らしはもっと豊かになります。

Memo　他人にどう思われるかなんてどうでもいい

「ママ友にどう思われているかが心配」。SNS世代の若いママからこんな話をよく聞きます。基本は、自分が嫌だと思うことは人に言わない、嬉しいことはちゃんと伝えることです。SNSの情報にふりまわされず、「クラシル」や「オーディブル」などのアプリを使って、自分のスキルアップのために、限りある時間を有効に使ってくださいね。

しないこと List 10

部屋は飾らない

棚の上の飾りは撤去する。
どうしても飾りたいなら壁かけに。

解決すること

ほこりがたまって、掃除がしにくいのが解消。
掃除が楽になる。

写真立てやオブジェ、海外のお土産、花瓶などで部屋を飾ると、次第に数も増えて、見た目も煩雑に。掃除もはたきや雑巾がけが必要になり、大変になります。特にテレビ台など家電のコード回りはほこりが集まりやすく、電気ショートの危険も伴います。

「片づけ」「整頓」「飾ること」を混同している方も多いのですが、まずはモノを捨てる=片づけが優先です。すっきりしたきれいな部屋でなければ、飾っても空間に映えません。部屋がまだ片づいていない人や毎日忙しい人は、飾ることをやめるだけで掃除が楽になるはずです。

我が家の飾りは一つだけ、キッチンカウンターに写真立てを置いています。実はコンセントの目隠し代わりなのですが、掃除が面倒になるのが嫌なので、今後も増やすつもりはありません。

いいなと思うのは、壁にポスターや絵を飾る海外のインテリアです。コンパクトな部屋でも場所をとらず、掃除問題とは無縁なのに、部屋のイメージがガラリと変わります。賃貸物件の壁にホッチキス止めであけた穴は原状回復義務の対象にはほとんどなりません。是非取り入れてみてください。

Memo 庭やプランターの花をインテリアに生かす

お客様が見えるとき、私は生のお花を飾るようにしています。子どもの家庭訪問などがあったときは、普段使っているグラスに玄関先の鉢植えのパンジーなどを子どもたちに活けてもらいダイニングテーブルに飾りました。また、季節のフルーツもきれいなお皿に盛りつけておくと、季節を感じられるちょっとしたインテリアになります。

しないこと
List
11

リビングに学習机を置かない

解決すること

勉強道具は毎回
自室から持ってきて、
テーブル学習をする。

部屋の散らかりと、お母さんの家事が減る。

リビング学習の学習効果が注目されていますが、学習机までリビングに置くのは避けてください。**部屋から勉強道具を持ってきて、テーブルで勉強させます。**

テーブル学習であれば、本や文具を広げても、食事のタイミングで片づけテーブルの上をリセットできます。ですが、学習机だと片づけなくて済み、食事中でも散らかったままでメリハリがつきません。付随してランドセルや笛なども集まってくるので、リビングが散らかる原因に。

結局、親のタイミングで片づけさせるか、片づけ自体が親の仕事になってしまい、子どもに片づけの習慣はつきません。勉強道具はかごやカバンに入れて運び、中断するときもかごに入れ自室にしまいに行かせます。**大人も同様に、持ち帰り仕事や趣味の作業の道具は、毎回別室に片づけます。**

我が家も子どもたちが小さい頃は、みんなでテーブル学習をし、朝晩の食事の後、子どもが勉強する傍らで、私も宅建資格の取得に取り組んでいました。おもちゃなど余計なものがないので集中できるうえ、勉強の内容ややり方を親がさりげなく管理できるのがよかったです。いい思い出です！

Memo テーブル学習も楽しみながら

息子が小学2年生の夏休み、「都道府県を覚えよう！」と、朝食後に日本地図のパズルを楽しむことにしました。タイマーで時間を計り、終わったらカレンダーに記録していくというほんの20分程度の学習です。夏休みの間に息子は都道府県の場所を覚え、パズルのピースを持っただけで、○県と言えるようになりました(笑)。

しないこと
List 12

ひとりでためこまない

言いたいことは口に出して伝える。

解決すること

悩みとストレスが減る。

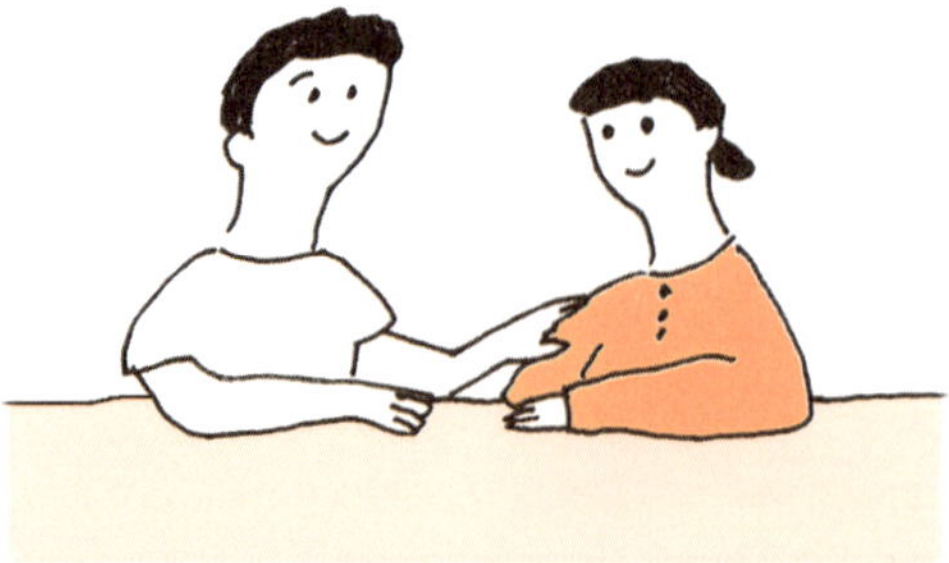

悩みや言いたいことはひとりで溜め込まず、しっかり口に出して相手に伝えましょう。片づけや家事が苦手な人は、モノの溜め込みと同じように、問題や感情をひとりで抱え込みがち。ですが、**思いを口にするだけで解決することはいっぱいあります。**

ありがちなのは、何か不満があるとき、けたたましい音を立てながら作業をしたり、無言になること。いくら不機嫌を表現しても、言葉に出さなければ相手に意図は伝わりません。「お風呂を洗ってほしい」「ゲームはしないで」「仕事のスピードアップをはかってほしい」など具体的に伝えます。**職場の悩みなど、当人同士で解決が難しい場合は、第三者の力も借りましょう。**

また、家事でも仕事でも、やり方やモノの場所が自分しかわからないような仕組みは改めます。道具を減らしシンプルな動線を作り、誰もが作業をこなせる環境に。

ある生徒さんは仕事復帰にあたり家の片づけに取り組み、「家事を分担しよう」と家族に伝えました。すると全員が真剣に片づけに取り組み、家中が片づき、みんなが使いやすいキッチンに。日々の後片づけは家族がしてくれるようになりました。

Memo　交渉ごとは、LINEでかわいく伝える

仕事と家事、子育ての両立には、家族間の家事分担の話し合いが必要です。生徒さんにおすすめしているのが、LINEで希望を伝える方法です。家事協力してほしいことをリストにして、かわいいスタンプを使いしっかりやんわり伝える。夫に口論で負けてしまう、伝えるのが苦手という方は、この作戦を使ってみてはいかが。

しないこと
List
13

完璧主義にならない

家事は毎日のことなので、
細かいことは気にせず
ざっくりでいい。

解決すること

家事は最小限で、いつも楽しく。

完璧主義とはさようなら、家事は細かいことを気にせず、ざっくりで大丈夫です。

実は、片づけられない人の多くは、完璧主義。「想い描く部屋のイメージにきっと近づけないから」と片づけ始める前に諦めてしまう人、「ルンバは部屋の角のほこりまで吸ってくれるのか」を気にして欲しいのに買えない人、着物やアルバムなどマニアックなところから整理を始めようとする人。まずすべきことは「取りあえず片づけ始める」「ルンバ以前に床に置きっぱなしの荷物を取り除く」「まずはガラクタから捨てる」。最終ゴールばかりにとらわれて身動きが取れなくなっています。

高価なモノを持ちすぎている方もいます。たくさんの高価な鍋、優秀で見た目もいいけれどスペースに合わず場所を取る、高価だから捨てにくいといった具合です。一つ一つを完璧にしたい思いが強く、全体像が見えていません。

何よりもまず、完璧主義を捨てましょう。**完璧じゃなくても生活は回り、そこそこ、まあまあが快適です。**モノも選択肢も多いからこそ、惑わされずに、家事や考え方をシンプルにして、本当に欲しい暮らしを手に入れてください。

Memo　家事よりも、人生を楽しむために時間を使おう

新婚時代、「部屋の隅々までノズルを使って掃除をし、ガラスを拭き、今日一日クタクタになった」と母に得意げに言ったところ、「あんたアホちゃう？　そんな時間あるなら勉強でもしたら」と言われました(笑)。そのときはムッとしましたが、母が言う通り、時間は有限。人生を豊かにすることに使うべきだと、今は心から思っています。

COLUMN

片づけビフォー・アフター5

万年床をやめたら、お手伝いをするように

BEFORE

歩く場所を確保するため、辛うじて布団を折りたたんでいた状態。鴨居には、乾きの悪い洗濯モノが年中ぶら下がりっぱなしでした。

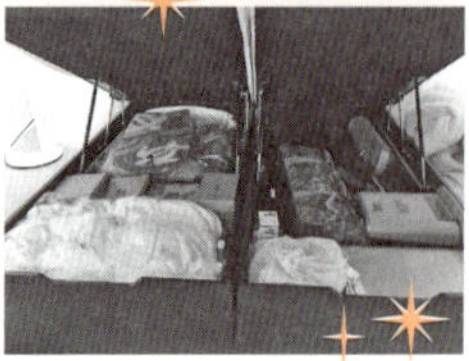

AFTER

上／子ども部屋にはロフトベッドを設置し、縦のスペースを有効活用。子どもが自ら机に向かうように。

左／アウトドア用品は、できる限り小さくしてベッドの収納にイン。

キャンプやスノーボードなどアウトドア大好きなH様ご家族。「お友達を気軽に呼べる家にしたい」と、いろいろな片づけのセミナーにもご家族で参加され、片づけ方法を模索していました。最後の砦にと、奥様が私のブログを見つけ、トークイベントに旦那様と一緒にお越しになり、その後、改めてLINEレッスンを受講されました。

H様邸は4LDKのマンション。おしゃれが大好きな奥様と2人のかわいいお嬢さんは洋服を大量に持っていました。また、家族で楽しまれるこだわりのアウトドアグッズが各部屋に点在し、子ども部屋になるべき部屋は倉庫代わりに。さらにさまざまな道具がスペースを圧迫していました。ご家族は、和室で4人一緒に寝るしかなく、さらにその布団もしまう場所がなく、万年床になっていました。

片づけにあたり、「今この家に引っ越してきたらどう使いますか?」とモノがないと想定し、まっさらなイメージを思い浮かべてもらいながら、改めて部屋割りを決めました。どうしても手放せないアウトドアグッズなどは、収納付きベッドを購入して片づけることに。万年床をやめ、お子さんたちの部屋も新たに作りました。

H様のご家族は結束が素晴らしく、旦那様は常に優しく奥様をサポートし、奥様も旦那様を立てる妻の鑑《かがみ》。そんなご両親の下で育つお嬢さん2人は自分たちのスペースを頑張って片づけきり、キッチンや他の場所の片づけもお手伝いを頑張ってくれました。書類の整理も終え、将来に向け、お金をためる準備も着々と進んでいます。

小学生の2人のお嬢さんも、片づけ後は掃除をする習慣が身につき、生活を楽しんでいるとのことで、感想を寄せてくれました。

「部屋が広くなって、掃除がしやすくなった。毎日がすっきりした気持ちで始められる。おしゃれが好きだけれどクローゼットがきれいになったから服を選ぶのが楽しくなった」「布団の下からなくなってたモノがたくさん出てきた。自分の部屋ができて嬉しい。クローゼットの中が、今までは何かわからないモノでいっぱいで、あちこちに散らばっていた洋服やモノを取りに行かないといけなかったけれど、今は自分の部屋のクローゼットは自分のモノだけですごくいい。ベッドを高くしたおかげで、部屋を広く使えて遊べるスペースができてよかった」

成功者・H様の声

「ベッドは清潔で楽でなんて素晴らしいのだろう、と感動しています。また万年床のときは気づきもしませんでしたが、ベッドにして床にモノがなくなったことで、下に落ちているほこりの多さに気づき、恐ろしくなりました。万年床がなくなったおかげで、収納する場所がないために部屋を覆い尽くしていた汚い布団がなくなり、ストレスが軽減、今まで使えなかった部屋が部屋としての機能を取り戻し、家を広く使えるようになり、心が楽になりました。面倒だった掃除も、今は気づいたときに、スイスイとクイックルワイパーなどで掃除ができており、快適で、清潔な状態に保てていることが本当に嬉しいです」

終わりに

「家が散らかるのは、家事のやり方がわからないことが原因になっている」多くのみなさんとお片づけをして、そのことに気づきました。

私も専業主婦時代は、丁寧な家事をしなきゃという思いこみがありました。夜の家族団らんの時間に、物干し竿をふき、洗濯モノを干し、朝はベランダの柵も雑巾できれいに拭いてから、布団を干しました。朝もう1度洗濯機を回し、追加の洗濯モノを再び干していました。夏はまだしも、冬の夜の洗濯干しは、毎日お風呂上がりなのに凍えそうになりながらの嫌な作業。手伝うどころか、テレビを見ている夫にイライラして、いつも腹を立てていました。

夫が不動産業をスタートしてからは、家事が追いつかなくなり掃除は行き届かず、家は荒れていきました。家が荒れると、自分ばかりがしんどいと不満がたまり、キツイ言葉も出てしまう。そんなにイライラするなら掃除なんかしなくていいのに、と夫に言われて頑張っても報われないことに悲しくなったり、腹がたったり、買い物でストレス発散！　と結局自分で自分の首をしめてしまうことも（笑）。

そんな失敗から、家事は楽をすることを優先にしようと決め、最初は家電にたよるなど、罪悪感もありましたが、いつもニコニコ元気でいられるからこれでいいんだ！　と確信しました。

戻れることなら、子どもたちが幼い頃に戻って、昔の自分に教えてあげたいくらいです（笑）。


この本は、これから巣立っていく若い人や、家事のやり方がわからない、どんな道具や方法で家事をしたらいいいかわからず、モノをため込んでしまっている方のお役に立てればと思い作りました。ズボラで、不器用な私が、家事の「しないこと」を決めたおかげで快適に暮らすことができています。ぜひみなさんの生活に一つでも取り入れていただけたら嬉しいです。


最後に、この本を出版するまでに関わってくださいました、すべてのみなさんに感謝の気持ちをお伝えしたいと思います。

片づいた家をキープするための、家事本を作りたい、という私の気持ちを真っ先に受け止めてくださったのは、『奇跡の3日片づけ』『夢をかなえる7割収納』に引き続き編集をしてくださった大川朋子さんです。今回も大川さんのサポートなしではこの本の出版にはいたりませんでした（涙）。大川さんがご縁を繋いでくださったのは、講談社第一事業局部長の藤枝幹治さん。女性に限らず、誰が手に取っても、瞬時にどこから読んでも参考になる、そんな家事の本にしましょう！　と素晴らしいアイデアをくださいました。そして、最高のチームワークでお仕事させていただいた、ライターの丸山亜紀さん、松岡芙佐江さん、今回もびっくりするぐらい美しくヘアメイクを仕上げてくださった、中本太さん、きれいな写真を撮ってくださったカメラマンの伊藤泰寛さん。本当にありがとうございました。

また、快くビフォー・アフターの写真をご提供くださった、片づけレッスン卒業生のみなさん、トークイベントに足を運んでくださったみな様、フェイスブックグループ、ブログ読者のみなさん。そして最後に、いつも見守っていてくれる大切な家族に、感謝の気持ちを伝えたいです。

この本が、みなさんの毎日を快適にし、暮らしに彩りと安らぎの時間をもたらし、輝く人生の一助になることを願っています。

石阪京子

石阪京子（いしざか・きょうこ）

片づけアドバイザー。宅地建物取引士。大阪府在住。夫と経営する不動産会社「ニューズホーム」では建築設計にも携わる。「女性ならではの視点」を持って不動産業を営むうちに、新居が片づかないために理想の暮らしをあきらめてしまっているお客さんがいることに気づく。「何か手伝えることはないか」と顧客・友人宅で「片づけ修業」に励むうち、どんな家でも片づけきることができるメソッドが完成。心地よい暮らしを提案するレッスンは口コミで評判が広がり、これまでに手掛けたレッスンは500軒以上。現在は2年先まで予約が埋まるほど人気を呼んでいる。

これまでに雑誌・新聞・テレビなどさまざまな媒体に取り上げられ、好評を博す。

著書に『一生リバウンドしない！ 奇跡の3日片づけ』『二度と散らからない！ 夢をかなえる7割収納』（ともに講談社）がある。

ブログ「片づけの向こう側」http://kyokoishizaka.blog.jp

イラスト　ハルペイ
撮影　伊藤泰寛（本社写真部）
ヘア&メイク　中本 太
装丁　村沢尚美（NAOMI DESIGN AGENCY）
本文デザイン　片柳綾子、田畑知香、原 由香里（DNPメディア・アート OSC）
編集協力　大川朋子、丸山亜紀、松岡芙佐江

協力（順不同）　dely株式会社、アルファミック株式会社、株式会社宮﨑製作所、イケア、株式会社ディノス・セシール、イノマタ化学株式会社、タケヤ化学工業株式会社、ボダムジャパン株式会社、株式会社良品生活、花王株式会社、株式会社マキタ、ドーバー酒造株式会社、株式会社グラフィコ、株式会社ケミコート、日本ガーリック株式会社、ハット株式会社、株式会社セリア、株式会社キャンドゥ、ジョンソン株式会社、アスクル株式会社、ラクサス・テクノロジーズ株式会社、株式会社エアークローゼット、日立グローバルライフソリューションズ株式会社、パナソニック株式会社、アイリスオーヤマ株式会社、森田アルミ工業株式会社、株式会社オンダ、コクヨ株式会社、スポティファイ・ジャパン株式会社、Audible,Inc.、株式会社PFU、株式会社スマート・アイ、マネーツリー株式会社

講談社の実用BOOK
人生《じんせい》が輝《かがや》く！　家事《かじ》の「しないこと」リスト
2019年7月29日　第1刷発行

著　者　石阪京子《いしざかきょうこ》

発行者　渡瀬昌彦
発行所　株式会社 講談社
〒112-8001　東京都文京区音羽2-12-21
電話　編集 03-5395-3529　販売 03-5395-4415　業務 03-5395-3615

印刷所　大日本印刷株式会社
製本所　株式会社国宝社

定価はカバーに表示してあります。ISBN978-4-06-516553-9